EL ACTOR

DON MIGUEL RUIZ

BARBARA EMRYS

El
actor

Cómo alcanzar la autenticidad

URANO

Argentina – Chile – Colombia – España
Estados Unidos – México – Perú – Uruguay

Título original: *The Actor — How to Live an Authentic Life*
Editor original: Urano Publishing USA, Inc.
8871 SW 129th Terrace Miami FL 33176 USA
Traducción: Núria Martí Pérez

1.ª edición Noviembre 2020

Copyright © 2020 by Miguel Angel Ruiz and Barbara Emrys
All Rights Reserved
© 2020 de la traducción *by* Núria Martí Pérez
© 2020 by Ediciones Urano, S.A.U
Plaza de los Reyes Magos, 8, piso 1.º C y D – 28007 Madrid
www.edicionesurano.com

ISBN: 978-84-16694-17-3
E-ISBN: 978-84-18259-30-2
Depósito legal: B-16.742-2020

Fotocomposición: Ediciones Urano, S.A.U.

Impreso por: Rotativas de Estella – Polígono Industrial San Miguel Parcelas E7-E8
31132 Villatuerta (Navarra)

Impreso en España – *Printed in Spain*

Índice

Día de orientación

Buenos días y bienvenido a la Escuela personal de los Misterios.

Esta semana empezaremos una serie de enseñanzas sobre tu vida desde el punto de vista de un artista. Desde que aprendiste a hablar has estado contando innumerables historias sobre tus experiencias personales. Llevas décadas expresando tus sentimientos y documentando tus acciones. Y, sin embargo, sigues siendo en muchos sentidos un gran misterio para ti. Estamos aquí juntos para investigar el misterio más fascinante de todos: tú mismo.

Conforme esta serie se expanda con la publicación de otros títulos, de igual modo se expandirá tu conciencia. Descubrirás más cosas sobre tu mundo, cómo se creó, y cómo puedes cambiarlo para ser feliz. Tu mundo es la realidad que percibes. Tal vez pienses que los demás lo ven todo exactamente como tú, y que hacen las mismas suposiciones que tú sobre lo que ven, pero el mundo de cada uno es único. Tu realidad personal es una obra de arte propiamente tuya, la has moldeado con tus formas de pensar y de imaginar.

Los cursos están concebidos para ayudarte a ver las decisiones creativas personales que han creado tu realidad tal como es ahora, y las elecciones que todavía puedes hacer. Por supuesto, llevas en este campus desde que naciste. A lo largo de la vida has asistido a muchas otras clases parecidas y has explorado los misterios mucho antes de lo que eres capaz de recordar. Has asistido a muchos otros días de orientación como este y a muchas ceremonias de graduación. Has sido estudiante y profesor, y has compartido tu sabiduría mientras avanzabas por la vida.

Tú, como cualquier otra persona, llegaste a este planeta sin tener conocimientos. Veías y sentías, pero eras intelectualmente ciego. Y como la mayoría de los humanos recién llegados al planeta, alzaste tu lamparilla —la llamaré curiosidad— y avanzaste en medio de la oscuridad. Sediento de luz y de todo cuanto sus destellos te pudieran revelar.

A medida que descifrabas cada misterio de la vida, más misterios se iban revelando. Esas revelaciones surgían con mayor rapidez, conforme tu conciencia se expandía. Las preguntas que te hacías eran cada vez más profundas y las respuestas más difíciles de procesar. Desde que naciste ha sido así en tu vida.

Una antigua historia está presente en la imaginación humana. Trata de una reunión de entes sabios celebrada en los cielos en la que deciden fundar una escuela de los misterios llamada Tierra. Circulan muchas versiones de este relato, pero la mayoría coinciden en que llevó muchos años crear esta escuela. Los científicos afirman que tuvieron que transcurrir miles de millones de años para crear un ambiente propicio a la vida en este planeta. Y tuvieron que transcurrir miles de millones de años más para llegar a crear un campus donde los artistas pudieran descubrir los misterios de la vida. Es decir, los seres humanos hemos seguido un proceso evolutivo larguísimo hasta llegar a este momento en particular, en el que podemos descubrir juntos una nueva forma de conocernos a nosotros mismos.

Cada pizca de conocimiento, cada tema, es un nuevo campo de estudio. Muchas personas como tú han explorado el mundo de las ciencias y se han vuelto expertas en su campo. Algunas deciden estudiar filosofía o ciencias sociales. Otras se convierten en químicos, físicos o ingenieros. O se dedican a labores religiosas o a la abogacía. Algunas destacan en los deportes y otras en las artes. Algunos estudiantes con una gran inspiración acaban inspirando a la humanidad. Quizá tú seas uno de ellos, y siempre irán apareciendo otros.

En la actualidad, los misterios están despertando cada vez más la curiosidad humana. Durante muchos años has formado parte de esta academia global donde se analizan los misterios y se revelan los secretos. Fuiste un estudiante incluso antes de empezar tu educación tradicional. A estas alturas ya le has mostrado al mundo tus habilidades y eres capaz de incrementar el número de ellas. Tienes el poder de mejorar la calidad de tu vida cada día que pasa.

Incluso ahora estás ampliando tu maestría sobre ti mismo. Mediante el poder de la atención puedes seguir percibiendo y descubriendo más cosas y administrar tu nivel de conciencia. Estoy seguro de que ya te has dado cuenta de que incluso los maestros nunca dejan de aprender. Has extendido tu maestría a muchas habilidades, pero te queda aún un largo camino por recorrer antes de que tu aventura llegue a su fin.

Ser un estudiante de la vida es como adentrarte en un laberinto con innumerables senderos en el que cada uno te ofrece muchas opciones. Mientras avanzas por ellos te es imposible saber adónde te llevará cada recodo. Tu vida depende de los caminos que elijas, y tus decisiones están condicionadas por las personas con las que te cruzas en tu viaje. Otros estudiantes han influido en la imagen que ahora tienes de ti. Sus reflejos han alterado tu trayectoria vital y, de algún modo, moldearán tu futuro.

Los maestros nos ayudan a descubrir cosas nuevas, pero un estudiante no puede ver lo que no está preparado para ver. Tu tarea conmigo es también un intercambio artístico. Yo procuro expresarme con la mayor claridad posible, esta es mi contribución artística. Y la tuya es escucharme con atención, según tu grado de comprensión. Yo soy responsable de las palabras que elijo, y tú lo eres de cómo las interpretas. Juntos estamos creando conciencia a partir del misterio.

Durante el tiempo que compartamos, recordarás secretos que ya conocías. También descubrirás muchos otros que te sorprenderán. Empezarás a ver con más claridad aspectos que antes te angustiaban o te confundían. Estos descubrimientos potenciarán el momento presente y te ayudarán a hacer las paces con el pasado. Te sugiero que durante tu viaje veas incluso la más pequeña revelación como un relámpago que te llenará de energía al día siguiente.

Los libros de la serie de la Escuela de los Misterios tratan de los retos que afrontas mientras vas moldeando tu mundo. En clases futuras hablaremos de tus mitologías personales y del poder que ejercen en cada aspecto de tu vida. Hablaremos de las relaciones amorosas y de las numerosas formas en las que nos vinculamos con los demás como seres humanos. Son muchas las puertas que nos llevan al aprendizaje, pero esta semana empezaremos analizando las artes escénicas.

¿Por qué? Actuar es nuestra habilidad más temprana, la adquirimos incluso antes de aprender a hablar y de ponernos en pie y caminar. El arte de la interpretación es una forma de vivir de todas las personas y ha influido en nuestro sueño común. Tú, por ejemplo, eres el protagonista de cada historia que te cuentas sobre ti, y tu fidelidad al personaje principal es la que te impide a menudo descubrir tu autenticidad como ser humano.

Esta semana tienes la oportunidad de ver el drama humano como un todo, y también el papel que interpretas en él. Quizá descubras muchas cosas que antes desconocías. Así que tal vez decidas actuar de otro modo. Los nuevos descubrimientos nos ayudan a ver que tenemos donde elegir en la vida. De nosotros depende cómo elegimos.

Es un mundo interesante y tú eres una persona interesante. Una vez más, ¡bienvenido! Alza tu lamparilla. Libera tu inmensa curiosidad. Rescata tu entusiasmo por la aventura y no te olvides de abrir la mente a la verdad.

Día 1:
El
artista

> «...el artista puede crear algo bello, pero si
> no lo hace enteramente por puro deleite,
> no es un artista.»
>
> —Oscar Wilde

¡Hoy te espera un buen día! Empezamos el curso de arte dramático. En esta clase en particular, cada tema está concebido para ayudarte a entender mejor el pensamiento y la conducta humana. Cada lección te acerca un poco más a la sabiduría y a la conciencia. Tu forma de escuchar es cosa tuya. Tú decides cómo aplicar cada lección.

Algunos estudiantes van a clases ansiosos por aprender. Quizá fuiste uno de ellos en el pasado. Otros, en cambio, se distraen con facilidad. Este también tal vez sea tu caso. O no toman notas, o no recuerdan lo aprendido. O después de varias clases, dejan los estudios al cabo de poco. Este abandono escolar refleja una misteriosa falta de interés. Pero si fueras este tipo de estudiante seguramente no estarías aquí.

No, creo que desde que llegaste al campus has estado deseando esclarecer los misterios de la vida, pero ahora tu afán de descubrir ha alcanzado un nuevo nivel. Así que deja tus antiguas ideas en la puerta. Ponte cómodo, escucha, y prepárate para verlo todo con otros ojos. Si abres la mente y estás dispuesto a experimentar, transformarás las ideas abstractas en acciones observables.

¡Estupendo! Después de esta presentación, ya puedo empezar la clase hablando del artista. Para crear cualquier obra de arte es necesario un artista. En realidad, la energía es la artista del mundo natural. Tú eres el artista de tu propia realidad. Llevas el impulso creativo en los genes. Naciste para crear.

¿Cómo se podría definir con exactitud a un artista? De muchas formas. Un artista capta la belleza. Sabe descubrir maravillas tanto en el mundo físico como en el virtual. Ve lo que al resto le cuesta ver y comparte esa visión con la humanidad. Un artista sabe entregarse a la fuerza creativa... para vaciar la mente y amar.

Tal vez algunas de estas definiciones sean nuevas para ti y te parezcan un poco extravagantes. Los artistas tienen fama de ser extravagantes, pero ¿acaso no somos todos extravagantes y raros? A lo mejor no te gusta cómo algunos artistas expresan su arte, pero cada expresión artística tiene derecho a existir. Cada uno de nosotros es un artista dotado de diversos talentos extraordinarios. Tú y yo somos arquitectos, pintores, narradores de historias y muchas otras cosas más. Es absurdo discutir sobre la técnica y el estilo, pues estos aspectos dependen del instinto de cada uno. Cada artista procesa la información a su manera.

Hacemos lo que podemos con las herramientas que tenemos a mano, como por ejemplo, el intelecto con el que nacimos y los conocimientos que hemos acumulado. Si un escultor solo tiene herramientas toscas, hará esculturas toscas. Cualquier pintor que disponga de poca luz o de pocos colores, tendrá dificultades para pintar. Y, sin embargo, las dificultades a menudo desembocan en un arte apasionante e innovador. La genialidad es la forma de expresarse propia de cada persona, sean cuales sean las limitaciones que tenga.

Antes de hablar de la naturaleza de tus talentos, analizaré la propia naturaleza. Empezaré hablando de la aparición del artista en el mundo físico. Tú y yo nacimos en un mundo que se podría considerar una obra maestra. Lo cual es evidente, ya que la Tierra es una creación perfecta. Nuestro planeta tardó miles de millones de años en evolucionar hasta ser la maravilla que es hoy. La humanidad es mucho más reciente en comparación, pero también ha seguido una evolución espectacular. Y tanto el planeta como las especies que lo habitan siguen evolucionando. Cada uno somos una obra de arte que se está transformando.

La maravilla que tú eres

Todos empezamos la vida como seres auténticos, pero esta autenticidad va desapareciendo a medida que nos volvemos adultos. En realidad, la vamos perdiendo a lo largo de la incesante canción y danza de la vida. Aprendemos a vivir según las expectativas de los demás. A fingir y a estar ciegos al fingimiento. En el drama humano, la verdad se suele olvidar en beneficio del espectáculo. Pero en el meollo de cada función, la verdad está a la espera de salir a la luz. En toda actuación subyace la verdad que somos.

Como cualquier otra persona, te concibieron con unos medios maravillosos y te convertiste en un ser humano al cabo de pocos meses. El desarrollo de cada ser humano sigue el modelo biológico de la vida. La energía es la arquitecta, la artista. Crea la materia y dirige su evolución. Te concibieron, naciste, y fuiste puliendo tus aristas hasta convertirte en una obra de arte perfecta gracias a la fuerza imparable de la energía.

En el momento de tu concepción empezó tu educación. Te empezaste a plantear los misterios de la vida, uno a uno, incluso desde que estabas en el seno materno. La vida ha sido tu maestra, te ha estado guiando desde tu más tierna edad. Y cuando rompiste la conexión física con tu madre biológica, empezaste a aprender del resto de la humanidad. A medida que tu cerebro infantil iba madurando, empezó a definir tu universo personal. Aprendiste a reconocer los sonidos, las formas, los rostros. En un determinado momento de tu vida, alguien te llamó por tu nombre y tú te identificaste con él. Alguien atrajo tu atención, y en ese instante empezó el proceso formal del aprendizaje. Repetiste sus palabras y empezaste a aprender a hablar.

Al principio, desconocías qué sabías o qué no sabías, pero tanto te daba. ¿Por qué habría de importarte? Naciste sin entender lo que veías u oías, pero estabas destinado a descifrarlo. Poco a poco, fuiste aprendiendo a distinguir una cosa de otra. Reconociste las emociones y le diste un cierto orden al caos. Paso a paso, fuiste conociendo lo desconocido. A medida que tu sistema nervioso se desarrollaba, te volviste un experto en desvelar un misterio tras otro.

La mente de cada artista se crea de retazos de conocimientos y recuerdos. Tu mente se fue desarrollando según las historias que escuchabas y aceptabas como ciertas. Mientras tanto, la energía vital siguió guiando tu cuerpo.

A los cuatro o cinco años, saliste de tu hogar para asistir a la primera escuela de los misterios. Tal vez fue en una guardería o en un jardín de infancia donde aprendiste de los demás las reglas de la conducta humana. Aprendiste las artes sociales, en las que era importantísimo «llevarse bien con la gente» y «encajar». Te enseñaron a jugar y a compartir los juguetes de buen grado. Te lo fueron recordando continuamente: ¡No des patadas! ¡No muerdas! ¡Escucha tu voz interior! ¡Espera tu turno! Estas técnicas te ayudaron a ser un artista de la diplomacia en un mundo de diferentes culturas.

En el primer curso de la escuela primaria te enseñaron a leer, a escribir y a contar. Para un niño pequeño estas materias son misterios desconcertantes hasta que dejan de serlo. Tras un tiempo de esfuerzo y disciplina, empezaste a entenderlo todo. Te convertiste en una especie de mago que sacaba a la luz lo oculto y descubría lo inesperado. Un puñado de letras se convirtieron de pronto en una frase, un pensamiento, una historia… un universo.

¡Y los números! Los símbolos del 0 al 9 te ofrecían juegos increíbles, la resolución de problemas matemáticos y nuevos universos. Al principio solo sabías contar con los dedos de las manitas. Pero a medida que tu cerebro se desarrollaba más, los problemas matemáticos también adquirían una mayor complejidad. Empezaste contando con los diez dedos de tus pequeñas manos y acabaste ¡haciendo cálculos que te llevaron al infinito! ¡Cuando empezaste a ir al colegio no podías imaginar que llegarías tan lejos!

En esos años tempranos también te enamoraste de la música. Descubriste que simplemente doce notas podían crear una biblioteca infinita de sonidos. Y volvió a aparecer en tu vida esa palabra: el *infinito*. Infinito…, ilimitado…, interminable. Todos los símbolos te acababan conduciendo a él. A decir verdad, cuanto más nos conocemos a nosotros mismos, más posibilidades tenemos de descubrirnos en el umbral del misterio infinito.

En primaria te dedicaste a estudiar los aspectos más sencillos de las ciencias. Y los experimentos científicos te revelaron algunos de los secretos básicos de la vida. Empezaste, gradualmente, a aprender cosas sobre el mundo físico. Y también el lugar que ocupabas en él y tu relación con los seres vivos. Hiciste todo esto —sumar, multiplicar, leer, cantar, hacer experimentos— sin saber que te estabas formando para ser un maestro. En aquel tiempo, al igual que ahora, ya eras el artista, y la vida era tu compañera creativa.

Más tarde cursaste secundaria y te familiarizaste con misterios más complejos. También te impactaron los secretos de tu propio cuerpo. ¡La pubertad! Los cambios físicos significaron cambios emocionales e incluso misterios más profundos. Y esa aventura aún continúa. Tu cuerpo sigue cambiando de formas dinámicas. Te vas adaptando a los cambios, incluso a los de la vejez. Pero los misterios del cuerpo, como los del universo, te seguirán desconcertando e intrigando toda la vida.

Al terminar secundaria obtuviste el bachillerato. Después quizás ingresaste en la universidad y, tras licenciarte, te pusiste a trabajar y ejerciste una profesión. Cada nueva escuela, cada nueva profesión, significaban una cultura distinta. Cada una te exigía aprender un dialecto nuevo y descifrar nuevos códigos. Te obligaron a cambiar la imagen que tenías de ti y a adaptarte a mayores cambios.

¿Te acuerdas de alguno ahora? Los cambios conducen a más cambios, de modo que quizá nunca te hayas dado cuenta de la gran transformación que experimentaste en poco tiempo. Aquí en la Tierra es donde aprendiste y maduraste. Aquí es donde adquiriste tu libre albedrío y donde empezaste a tomar decisiones guiado por tu propia filosofía de la vida. Fuiste reuniendo información y experiencia en este campus, hasta que tú también acabaste siendo un maestro y un profesor. Y tengas la edad que tengas, todavía sigues transformándote.

Tu biblioteca de conocimientos es tu alma mater. En la vida nos regimos por lo que decimos y pensamos. Por lo que consideramos correcto o incorrecto, nuestra mente —con todas sus ideas y opiniones— es la que lleva la batuta. La mente crea una versión (o para ser más exactos, una distorsión) del universo real. Observa lo que existe y lo interpreta según su forma artística. Recrea lo que la vida ha creado. Lo copia. Lo reinventa. Por eso los humanos construimos túneles, torres y puentes como los que existen en la naturaleza. Duplicamos la naturaleza y, en cierto modo, la mejoramos.

A lo largo de los siglos hemos aprendido a descifrar los misterios básicos de la física y a reconstruir la materia. E incluso hemos plantado cara a los elementos. Hemos desafiado la gravedad. Nos hemos atrevido a volar e incluso a lanzarnos al espacio. Somos aventureros, exploradores y brujos consumados. Somos artistas, y nuestro extraño arte afecta a todas las especies que habitan en la Tierra.

Este universo está poblado por muchas clases de artistas. Algunos esculpen objetos hechos de arcilla y piedra. Otros doblan metales, tallan la madera o elaboran tejidos. Algunos artistas escriben y revelan la condición humana con sus palabras. Los artistas crean objetos con su imaginación. Construyen, sueñan e inventan. Y sea cual sea su grado de experiencia, todos tienen una cosa en común: actúan. Expresan emociones. Representan un papel. Practican el arte de la interpretación teatral, lo cual nos lleva al tema de la semana.

El actor

Esta clase se centra en un determinado tipo de arte que fascina a la humanidad desde hace miles de años: la interpretación teatral. Hablaré con más profundidad del tema más adelante, por ahora analizaré brevemente cómo este arte se relaciona contigo y con tu realidad.

Todos somos actores y espectadores en el drama humano, incluido tú. Eres un actor consumado que se ha pasado muchos años formándose sin siquiera darse cuenta. Eres un actor. Y también un fan del teatro. Todos somos apasionados defensores de las artes y tenemos determinados talentos interpretativos, aunque nosotros mismos, o los demás, no los hayamos reconocido aún.

Actuar es en gran parte reaccionar. Siempre estamos reaccionando ante la vida y hay muchas formas de hacerlo. Al igual que un actor toma distintas decisiones en una escena, tú y yo elegimos nuestras reacciones preferidas. Por ejemplo, yo podría darte un codazo con demasiada energía. Y tú podrías reaccionar con enojo y fingir que te he hecho daño, o echarte a reír. O darme un abrazo. O podrías decidir no hacer nada, lo cual también es una reacción.

Reaccionar no es solo una decisión estratégica, sino además artística. Llevas estudiando este arte toda la vida. A estas alturas te dejas llevar por unas determinadas reacciones más que por otras. Incluso puedes creer que estas reacciones te definen. La interpretación es una habilidad aprendida. La aprendiste incluso antes de aprender a hablar. Antes de dominar las palabras de tu vocabulario ya habías adquirido tus actitudes. Antes de descubrir que existía algo como la cinematografía, ya eras la estrella de tu propia película y dramatizabas tus palabras y tus acciones.

De niños estamos deseando gozar de la respuesta de un público y, en realidad, este deseo nunca llega a desaparecer. Conscientes de nuestro talento interpretativo, nos dedicamos a este arte en la vida cotidiana y condicionamos al cuerpo para que reaccione a la más ligera ofensa, a la más pequeña preocupación. Incluso los silencios enfurruñados son reacciones teatrales. Poner mala cara es una actuación teatral. En algunos actores es la habilidad suya más característica. Y esta clase de habilidades las adquirimos en la primera infancia.

Empezaste a aprender este arte poco después de nacer mientras imitabas a los actores que te precedían. Lo hiciste para sobrevivir y también como diversión. En aquella época tu público estaba programado para que le gustara todo cuanto hacías. Sonreías y se echaban a reír. Eructabas y gritaban de entusiasmo. Balbuceabas palabras sin sentido... y te aplaudían. El inmenso placer que les diste al verte intentar dar los primeros pasos —y empezar a hablar— es inconmensurable. Triunfabas allí donde ibas. Al cabo de poco, seguiste actuando en la vida, representando situaciones imaginarias con tus amigos de corta edad, intercambiando papeles, cambiando guiones... Sin saberlo, te estabas preparando para interpretar el papel de tu vida en la función más larga que se ha representado nunca.

Pero a medida que tu actuación perdía su frescura y su espontaneidad, tu grupo de fans se fue reduciendo. Inevitablemente, empezaste a recordarle a todo el mundo a cualquier otra persona. Después de un tiempo, las risas eran forzadas y los gritos de entusiasmo ya no se oían. Pero aun así, no dejaste de actuar, adaptando tus interpretaciones a las necesidades del momento y a las expectativas del público. Eras miembro de una compañía teatral y todavía lo sigues siendo.

Cualquier actor profesional nos diría que es importante ofrecer una actuación convincente, al margen de la respuesta del público. Intentar dar lo mejor de uno, tanto si la audiencia está de nuestra parte como si no lo está. El público tal vez se muestre inquieto y bullicioso, o a lo mejor se componga de unas pocas personas. Quizá no se ría cuando deberían reírse, o no consigas impactarle cuando pretendías hacerlo. Pero no importa. No estás actuando para ellos, sino para ti.

En este mundo hay cientos, miles y millones de *ellos*... El mundo está plagado de críticos... Todos son seguidores de algo... Son apasionados del fútbol, de la astrología, la moda, la comida. Y los fans tienen sus gustos y sus preferencias. ¿Cómo ibas a saber lo que el público quiere? ¡Es imposible gustarle a todo el mundo!

«Dejar de prestarle atención» al público es todo un reto para la mayoría de actores, después de todo a los artistas los forman para complacer a los espectadores. Su felicidad siempre ha dependido de la respuesta positiva de la gente. Lo que a los actores profesionales más les intimida es lo mismo que nos asusta a los aficionados como tú, yo y el resto de los mortales. Temen ser juzgados.

Todos corremos el riesgo de que nos juzguen en la vida cotidiana. Salimos de casa cada mañana para afrontar un mundo plagado de críticos. El mundo entero es un escenario... y tú no eres más que uno de los varios miles de millones de actores que viven en él. Afortunadamente, la mayoría están demasiado ocupados juzgando su propia actuación como para advertir la tuya.

Los actores profesionales, en cambio, tienen que ponerse bajo los focos de un escenario mientras los que han ido a juzgarles los escudriñan sin sacarles los ojos de encima. Son examinados por personas sin rostro sentadas en butacas en medio de la oscuridad, por espectadores con grandes expectativas que emiten juicios despiadados. Los actores son criticados duramente por críticos invisibles y adorados por fans anónimos. La mala prensa los puede romper en pedazos emocionalmente. Y en ocasiones casi te ha roto a ti, ¿verdad?

Los juicios de la gente te hirieron en el pasado. Por eso ya conoces a la perfección las dificultades de un artista. Todos compartimos el miedo a ser juzgados, sean cuales sean nuestros talentos. Esta emoción hace que nos cueste salir al escenario o a la palestra laboral. Da miedo ponerse bajo los focos con otros artistas veteranos cuando cualquiera de ellos podría ser más talentoso o atractivo que uno. Si esto no bastara, piensa en las otras cosas que les preocupan a los actores profesionales.

Para crear un drama que parezca real, los actores tienen que imaginar y recordar. Deben tener fe en lo que hacen. La fe significa creer en algo al cien por cien, y una buena historia solo es tan buena como lo sea nuestra habilidad de creer en ella. Así que los actores creen. Todos creemos. Nos creemos lo que decimos y esperamos que nuestro público también se lo crea. Como interpretamos un papel sintiéndolo de verdad, el cuerpo no siempre sabe distinguir una actuación de una experiencia real.

Todos sentimos el dolor del arrepentimiento. Hemos vivido los horrores de un trauma una y otra vez. Las antiguas heridas reaparecen cuando las evocamos. Los recuerdos pueden ir en nuestra contra, pero nos empeñamos en volver a recordar el pasado una y otra vez, por más que nos haga sufrir. Es un arte muy extendido.

Los actores profesionales recurren a recuerdos íntimos y perturbadores de su propia vida para actuar convincentemente. Evocan sus momentos traumáticos para ofrecer una buena interpretación. Expresan tan bien las emociones humanas que atrapan a los espectadores y, en ocasiones, incluso les llegan a incomodar. Los actores de teatro hacen ocho funciones semanales durante meses. Lo cual es una barbaridad. Pero el resto de la humanidad las hacemos sin parar.

En realidad, ocho funciones semanales (incluidas las matinés) no son nada para la mayoría de la gente. Probablemente no sean nada para ti. ¿Acaso no repites tus narrativas preferidas una y otra vez, incomodando a los que te rodean? ¿No te pasas la noche entera reviviendo los peores momentos del día, sin un público y sin poder dormir? La mayoría nos imaginamos fracasando en el futuro. ¿Te pasa a ti? ¿Te da miedo lo que te aguarda mañana? ¿Estás pensando todo el día en las peores situaciones posibles? ¿Te crees aquello que más temes? Cuanto más cree un actor en su papel, más intensa es la respuesta del público, aunque uno sea el único espectador escuchándose a sí mismo en medio de la oscuridad.

El trabajo de los actores es muy complejo, tienen que aprenderse de memoria su papel e interpretarlo convincentemente. Y por si esto fuera poco, se enfrentan a problemas técnicos y a públicos impredecibles. A veces pasan por alto las indicaciones del director o tropiezan con el mobiliario. Como el resto de los mortales, suelen fracasar en lo que mejor desean hacer.

Quizás el mayor problema de los actores profesionales sea volver al mundo real. Cuando acaban de interpretar un papel, es importante recuperar el equilibrio emocional. En cuanto las luces de la sala se apagan, tienen que encontrarse a sí mismos de nuevo. Al igual que nos pasa a todos. Cada día, los artistas —fontaneros, políticos, profesores (y tú también)— llegan al límite emocional. Afirmamos que no podemos evitarlo, que somos pasionales, pero la pasión es muy distinta de los dramas. La pasión es real, en cambio los dramas son teatro. Ahora es un buen momento de tu evolución para ver la diferencia entre una cosa y la otra y para elegir en consecuencia.

No es fácil dejar atrás una escena sumamente dramática. Lleva su tiempo encontrar una cierta serenidad en nuestro interior tras enzarzarnos en una pelea. Cuando estallamos y se activan nuestras defensas, solemos reaccionar automáticamente. Los hábitos se hacen con el mando y sale de nuestra boca lo que soltamos cuando estamos asustados y furiosos. Recitamos nuestras frases habituales. Como nuestro lenguaje corporal está programado, pateamos o destrozamos objetos, o damos portazos. Ofrecemos el espectáculo esperado. Somos unos actores veteranos siguiendo antiguos guiones: «No sé por qué digo esas cosas», pensamos más tarde, pero al cabo de unos días volvemos a montar el mismo *show*. Y repetimos las mismas disculpas y justificaciones.

Deja de seguir las antiguas instrucciones escénicas. Reescribe el guion. Improvisa. La experiencia influye en lo que decimos y en lo que decidimos hacer, pero la imaginación también. Al igual que la inventiva. Cada producción artística se merece una nueva interpretación. Cada actor anhela darle un nuevo enfoque a su actuación. Tú, el artista, puedes hacerlo, puedes expandir tus talentos y renovar tus pasiones. Puedes buscar la verdad sirviéndote de tu arte.

A medida que fuiste progresando como artista, aprendiste un montón de cosas sobre ti. Descubriste tus virtudes y defectos, tus talentos y tus terrores. Desde los días en que te intimidaba la oscuridad, aprendiste a ser más fuerte por dentro. A aceptar las críticas o a defenderte. Aprendiste a huir de los conflictos o a afrontarlos. A lo largo de la vida has ido acumulando una buena reserva de secretos, como cualquier otra persona. Lo más probable es que los secretos que guardas —sobre todo acerca de ti— generen más miedo en tu vida. Y el miedo puede llegar a impedirte salir a las tablas.

Si te da miedo alzar tu lamparilla para ver la verdad, seguirás siendo un enigma para ti: serás el misterio que menos deseas descubrir. Los miedos de la infancia desaparecen, pero los de la adultez duran toda la vida si no les plantamos cara. Lo que eres capaz de ver en ti lo puedes ver en cualquier otra persona. Y *ver* es la esencia del arte. Un artista ciego sigue viendo. Es importante que los artistas se analicen a sí mismos. Es importante hacerlo. «¿Qué descubriré?», tal vez te preguntes. «¿A qué monstruos me enfrentaré?» «¿Acaso puedo luchar contra la verdad?»

Conocerte íntimamente no es nunca la pesadilla que esperabas, al contrario. Conocerte renueva una aventura amorosa que empezó en la infancia. Pero si miras a otro lado, esta aventura se acabará enseguida. Sentir un auténtico amor por ti es volver a casa. Es regresar al paraíso. Y el paraíso es un lugar fabuloso para mejorar tu arte.

¿Por qué importa todo esto?

Ya has aprendido muchos aspectos de las artes escénicas. Céntrate ahora en dominar el arte de ser un ser humano auténtico. ¿Te parece esto imposible? En realidad no lo es.

Ya viviste antes esta clase de momentos cruciales. Tus primeros intentos de caminar acabaron fracasando. Tropezaste y te caíste, pero estabas tan decidido a seguir intentándolo, a mejorar tu arte, que no te desanimaste ante nada. Al final, aprendiste a moverte con confianza manteniendo el equilibrio. Más tarde desarrollaste quizás algunas habilidades atléticas. También destacaste en las artes de la palabra y en los dramas emocionales. Cada aspecto que dominabas mejoró tu vida y ensanchó tu conciencia.

La práctica de cualquier arte desarrolla el cerebro. Cuánto más ágil es el cerebro, más fácil nos resulta aprender cualquier cosa. Los niños que reciben clases de baile, música, pintura o interpretación tienen una ventaja en el colegio. También tienen la inusual capacidad de dejarse llevar por el impulso creativo y entregarse a él, un talento que les servirá en cualquier aspecto de la vida.

¿Por qué es importante verte como un artista? Porque los artistas saben que cada persona es un universo viviendo dentro de innumerables universos. Verlo todo con ojos de artista te permite apreciar los colores, las formas y las vibraciones de la vida. Irás descubriendo un secreto tras otro de tu ser, y también los misterios de la Luna, las estrellas, el Sol y la Tierra. Empezarás a ver, parte por parte, todo el panorama.

Los ojos de un artista buscan la belleza. La belleza es la armonía que te transporta en el mundo. Es el agradecimiento que te invade cuando te sientes realmente inspirado.

La belleza palpita en una frase bien elegida, en el regalo de una sonrisa y en el respeto que una persona le muestra a otra. Cualquier forma de vida posee su propia belleza. Cada cuerpo físico es una obra de arte.

Tu mente es una sopladora de vidrio que da forma a un mundo delicado para que tu cuerpo lo ocupe. Es importante que el mundo que creas sea transparente y agradable de ver. Es importante que lo conviertas en un sueño bello y lleno de sentido, en una fuente de inspiración para los demás. Y no olvides que tu mayor talento artístico es ser un genio con las palabras.

No es poca cosa conocer el lenguaje con el que te expresas, un lenguaje único en ti. Tienes tu propia manera de usar las palabras, para inspirar o para hacer daño. Eliges el ambiente y el tono de las sílabas que pronunciarás. Nunca es demasiado tarde para reconocer la voz en tu cabeza que siempre te está provocando, pronosticando lo que ocurrirá. Esa voz es tuya. Nadie más la controla.

Escucha con atención sus mensajes repetitivos. ¿Representan quién eres o lo que quieres decir? Quizá la voz que oyes es la de otra persona del pasado, la de alguien que intentaste arduamente imitar o complacer. Tal vez es la de un personaje que interpretabas. A lo mejor eres demasiado mayor o demasiado sabio para representar los papeles de antes.

Puedes dejar de oír esa voz en cualquier momento. Puedes guardar los viejos disfraces e ignorar el eco de los monólogos del pasado en tu cabeza. Cuando decides hacerlo, *eres* tú simplemente.

¿Cómo puedo empezar a hacerlo?

¿No te parecería extraño interactuar socialmente sin representar un papel? ¿Te haría sentir quizá como si te lanzaras a un campo de batalla desarmado? Puede que al principio te parezca raro observar simplemente y disfrutar, ignorar tus impulsos y reacciones de antes y escuchar sin más. Escuchar supone un gran reto, incluso para un actor veterano, pero revela las respuestas a muchos misterios. Te permite aprender cosas fascinantes sobre otros artistas. Quizás aprendas a entender a los de tu especie. Y sin duda te ayuda a conocerte más a ti.

Escucha. Observa. Confía en la vida, con todos sus caprichos. Descubre el modo de expresarte más plenamente. Usa tu propia voz para cantar la música de la vida y hablar su lenguaje. Sigue tu propio camino respetando al mismo tiempo el de los demás. Deja a un lado tus defensas y ríete de tus miedos.

En lugar de copiar a los demás, alimenta tu individualidad y tu espontaneidad. Acepta las situaciones tal como se presentan y responde con sinceridad. Quizá ya lo estés haciendo. ¿Das la bienvenida a lo inesperado? ¿Sabes manejar una decepción con soltura? Si no es así, conviértelo en tus nuevas disciplinas.

Amplía la interpretación de tus papeles. Has creado un personaje con el que te presentas ante el mundo y, en cierto modo, has dejado que desarrolle unos matices sutiles y unos rasgos adaptables. Pero, en otro sentido, has perdido flexibilidad, ciertos rasgos se han vuelto rígidos e inflexibles. En lugar de adquirir el gusto por la belleza y el talento para amar, a veces te has mostrado receloso y desconfiado. En ocasiones, te has olvidado de los tuyos. Y con demasiada frecuencia no te has ocupado de tu aliado más valioso: tu cuerpo.

El cuerpo es una obra de arte. Quizá pienses que es demasiado grande, voluminoso o lento. O demasiado delgado o frágil, pero aun así puedes dirigirlo con confianza y estilo. ¿Cómo entras en una sala? ¿Esperas que los demás te rechacen o despiertas interés? Observa y muéstrate dispuesto a hacer cambios. Si no fuera por el cuerpo, no podrías participar en el espectáculo humano. Ni tampoco exhibir tu arte en modo alguno.

Los actores profesionales se pasan años formándose. Son conscientes de cómo se mueven. Aprenden a bailar. Se mantienen en forma. Como la voz de un actor es tan esencial para su arte, la cuidan mucho. Les enseñan a proyectarla al hablar y a respirar adecuadamente. Reciben clases de canto. Practican ejercicios tonales y trabalenguas. Mantienen sus herramientas en buen estado.

Tu cuerpo, como el de cualquier actor, es tu principal instrumento. Es una obra de arte excepcional, pero también puede crear arte. Sin él no existirían ni el actor ni su actuación. Tu cuerpo afronta el mundo por ti. Interpreta la canción que quieres compartir. Narra las historias que quieres contar. Produce emociones e invoca palabras. Lucha, seduce y, por supuesto, crea. Tu cuerpo crea vida y muchas réplicas de la misma. Transforma las pequeñas ideas en cosas bellas y poderosas.

Tu formación como artista empieza al prestarle atención al cuerpo. La pregunta básica que puedes hacerte es: «Cómo puedo cuidarlo mejor?» Lo más probable es que no lo cuides como el valioso instrumento que es. Seguramente no lo valoras como es debido. Dudo de que te tomes el tiempo para agradecerle lo que hace por ti o para acariciarlo de vez en cuando. No creo que ni siquiera pienses en tu cerebro, su órgano más complejo y el eje de tu creatividad.

¿Qué puedes hacer para cuidarlo mejor? Enriquece los momentos cotidianos prestando más atención al cuerpo.

Dale los ánimos que necesita, es decir, conversa con él, pero también tócalo. Hazle saber lo mucho que lo aprecias. Valora tu ser físico como un violinista clásico valoraría un Stradivarius. Tu cuerpo es tu compañero más íntimo. Como ocurre con cualquier buena pareja, cada miembro es responsable del bienestar del otro.

Los artistas reflejan la vida y esta se manifiesta en todo lo que vemos y oímos. No te pierdas nada. No juzgues nada. Mantente abierto y acéptalo todo. Cambia tu forma de ver el mundo. Permite que las pequeñas cosas te dejen huella. Advierte los rasgos atractivos de un desconocido. Ve con nuevos ojos a un viejo amigo. Observa las maravillas de la naturaleza.

Aprende a ver el mundo desde todas las ópticas. Obsérvalo desde una cierta perspectiva, la herramienta secreta de cualquier artista. Sé consciente de ella, y también de tu cuerpo, tu cerebro y tu voz. Y no te olvides de elegir tus *palabras*.

Día 2:
El
lenguaje

«"Cuando uso una palabra significa
precisamente lo que yo decido que
signifique, ni más ni menos", dijo Humpty
Dumpty con un tono burlón.»

—Lewis Carroll

¡Buenos días! Espero que hayas dormido bien y que tus sueños te hayan sido útiles en el proceso de aprendizaje. Incluso en este momento, bajo la radiante luz de la mañana, estás soñando. Estás imaginando e interpretando un papel. Mientras el sonido de mis palabras te llega a los oídos, las asumes. «De acuerdo, lo he entendido», quizá pienses, y luego escuchas las siguientes. Pero imagínate en su lugar que aplicas el significado de mis palabras en tu vida. Imagínate reaccionando a determinadas situaciones de forma inusual, porque soñaste acerca de mis palabras de un nuevo modo.

Al imaginarte haciendo una sola cosa de distinta manera… o viéndola de un modo que no se te había ocurrido antes, estás cambiando un poco. Evolucionas. Amplías tu perspectiva habitual y creas una realidad ligeramente distinta para ti, como hacen los grandes artistas. Tal vez no te veas así y, sin embargo, tu objetivo es crear. En realidad, lo ves todo a tu propia manera y compartes esta percepción única a través de tu arte.

Por ejemplo, todos estamos destinados a crear una historia. Tú creas historias y siempre las has estado creando. A una edad temprana aprendiste a asignarle un nombre a todo. Te enseñaron a aplicar toda tu experiencia para el desarrollo de tu historia. Te dijeron quién eras y quiénes fueron tus antepasados. Te dieron una historia y también un sueño del futuro. Te contaron toda clase de historias y, al poco tiempo, te convertiste en el narrador de tus propios relatos.

Tu historia personal se fue desarrollando a lo largo del tiempo e inspiró cada posible reacción emocional tuya: de alegría o de desesperanza, y el resto de entre medio. Es una historia sobre un artista contada por un artista. Tú te encuentras en el centro del universo que creas. Tu historia es distinta de las del resto, pero estoy seguro de que has advertido que todas tienen elementos importantes en común.

Todas las historias tienen un protagonista, un personaje a través de cuyos ojos el lector ve el mundo. Tú has creado esta clase de personaje para ti y compartes su punto de vista con todos los que están dispuestos a escucharte. En todas las historias hay héroes y villanos. Y en la tuya también, estoy seguro. Todas las historias despiertan emociones en la gente que las escucha. Probablemente hayas descubierto que tus historias llaman más la atención cuando exageras los dramas un poco. Como es natural, nada de esto importa a no ser que tus oyentes y tú habléis el mismo lenguaje.

¿Acaso una historia por buena o dramática que sea tiene sentido si el que la escucha no habla el mismo lenguaje?

Los estudiantes del campus del mundo hablan muchos idiomas distintos. Hablan el que sus padres les enseñaron de pequeños y también aprenden a hablar el lenguaje del arte que han elegido. Muchos deciden aprender el lenguaje de otros artistas y de otras culturas. Tanto si se consideran o no unos maestros, cada artista acabará enseñando a otras personas. Se vean o no como artistas, han estado creando obras maestras desde que llegaron a este mundo.

Sin el lenguaje tú y yo tendríamos problemas para comunicarnos bien. Por supuesto que podemos trazar formas en el suelo o pintarlas en las paredes. Hacer gestos y señalar con el dedo. Pero acabaremos creando inevitablemente un sistema de sonidos, y esos sonidos se volverán cada vez más elaborados con el paso del tiempo. Y a medida que nuestras habilidades lingüísticas se van desarrollando, buscaremos la manera de explorar más ideas abstractas. Intentaremos comunicar los sentimientos. Desearemos explicar cosas que no se ven a simple vista.

Así es como el lenguaje surgió en nuestra especie. Fuimos incorporando un sonido tras otro, según acuerdos mutuos establecidos. Una lengua se basa en acuerdos. Tú y yo decidimos que un determinado sonido significa algo en concreto y así sucesivamente. Los idiomas funcionan de este modo incluso en la actualidad. Pero si tú crees que una palabra significa algo en concreto y yo la interpreto de otra manera, la comunicación se rompe. Y los desacuerdos llevan a los malentendidos, e incluso el más leve de ellos puede acabar con cualquier comunicación.

Cuando nos ponemos de acuerdo en cuanto al significado de las palabras y gozamos escuchando a los demás y compartiendo alegremente nuestras ideas, la comunicación mejora. Desarrollamos nuestras habilidades artísticas. El lenguaje es una forma extraordinaria de arte en la vida. Es posible que no seamos la única especie que practica este arte, pero lo dominamos de maravilla. Sería imposible contar la cantidad de lenguas que la humanidad ha creado desde que apareció en este planeta, la época de la prehistoria en que hombres y mujeres dibujaban imágenes en el suelo y pintaban animales en las paredes de las cuevas.

¿Cómo aprendimos tú y yo a hablar nuestra lengua? Llegamos a este mundo como criaturas desvalidas, sin una mayor habilidad lingüística que los gritos sin sentido que lanzábamos y las patadas que dábamos en el aire. Y a medida que el cerebro se fue desarrollando, aprendimos a distinguir los sonidos. Poco a poco, progresivamente, empezamos a interpretarlos y acabamos repitiéndolos. Ocurrió con el paso del tiempo, aunque de manera fácil y orgánica. Estábamos destinados a ser unos artistas de las palabras.

El papel que desempeña la imitación en el desarrollo infantil es muy conocido. De bebés escuchábamos los sonidos que nuestros padres y hermanos hacían e intentábamos repetirlos, sílaba a sílaba. También observábamos sus acciones y sus gestos. A base de practicarlo y repetirlo, acabamos aprendiendo a hablar.

Lo primero que seguramente advertiste en la infancia era que la gente no paraba de hablar. Hablaban de sí mismos y chismorreaban sobre los demás. En realidad, los chismorreos son la lengua común de la humanidad. Los adultos chismorrean y los niños escuchan. Y lo captan enseguida. Al poco tiempo, deciden chismorrear con otros niños de su edad y se burlan de los que no son como ellos. Este proceso es también fácil y orgánico. A medida que observan a sus padres interactuando socialmente, aprenden también el sutil lenguaje emocional.

Tendemos a reaccionar emocionalmente (sí, incluso dramáticamente) a lo que oímos y vemos. Las palabras desaprobadoras nos hieren y lo expresamos. Los elogios nos gustan y también lo mostramos. Reaccionamos movidos por la decepción, la indignación y el ultraje. Somos buenos en ello, lo hemos estado practicando toda la vida. Ponemos mala cara. Chillamos y gritamos. Discutimos y luego, arrepentidos, hacemos las paces. Son características de nuestro arte. Los niños aprenden estas habilidades de los expertos.

La alegría tiene su propia expresión. Al igual que la ansiedad y los desengaños. El cuerpo humano habla una multitud de lenguajes y los niños los captan a una tierna edad. Los advierten y los imitan. Observan, aprenden y adquieren un estilo propio en su arte. Las cualidades de los grandes artistas son la técnica, la genialidad y el estilo personal. Y tú eres indudablemente un gran artista. Tú y yo manifestamos distintas clases de genialidad, pero ambos dominamos el ser *quienes decimos ser.*

Sea cual sea tu vocación, probablemente te expreses como las personas de tu generación. Aunque si has cambiado de profesión, quizá te expreses de una forma ligeramente distinta, ya que cada profesional habla un dialecto distinto. Los médicos no hablan como los granjeros productores de leche. Los abogados no hablan como los camareros. Cada profesión expresa su propia cultura. Las conversaciones cambian según los lugares de los que provengan. Cuando viajamos a distintas zonas rurales, oímos lenguajes a los que no estamos acostumbrados. Fuera de las fronteras de nuestro país hay otras lenguas y otras culturas. Estos cambios bastan para cambiar nuestra realidad.

Imagínate la humanidad como un jardín inmenso cubierto de una gran diversidad de plantas con una gran variedad de beneficios. Contiene plantas que reconfortan, curan o excitan, pero todas actúan de formas similares. Necesitan los mismos elementos básicos para existir. Como nos ocurre a nosotros. Pero los humanos además de funcionar igual que la mayoría de seres vivos, también hablamos. Usamos símbolos —palabras impresas, sonidos y gestos físicos— para comunicarnos. El lenguaje además de ser una parte necesaria para nuestra supervivencia es nuestro asombroso arte.

El desciframiento del código

Los seres humanos usamos códigos, o determinadas series de símbolos, para comunicarnos. El alfabeto pertenece a esta clase de códigos. Se pueden crear innumerables palabras con solo algunos símbolos, es la maravilla del lenguaje. Transmitir una idea o un sentimiento al pronunciar varias sílabas es un misterioso arte. Cómo el cerebro consigue hacerlo es un tema para otra escuela de los misterios, pero por el momento hablaré de los códigos que desciframos hace mucho tiempo.

Todas las variaciones del alfabeto latino se componen de veintiséis letras y empiezan con a, b, c. Si combinamos estas letras obtenemos una lengua viva, sutil y adaptable que perdura, como se ha demostrado, a lo largo de los siglos. La fórmula es la misma en cada cultura: un puñado de símbolos forman, al cambiar de lugar, innumerables frases y hacen que la comunicación humana sea tan poderosa y compleja.

Y también existe el lenguaje de los números. Contando el cero, este código solo se compone de diez símbolos, una cantidad muy pequeña y, sin embargo, los cálculos y las operaciones matemáticas que permiten realizar son infinitos. Las fórmulas matemáticas ofrecen soluciones a los mayores enigmas de la vida. Las matemáticas han permitido a la humanidad construir ciudades e imperios. Nos han ayudado a curar enfermedades y a lanzarnos al espacio. El 1 y el 0 han definido la era informática y han cambiado la comunicación para siempre. Los números nos ofrecen más formas de contar historias y de descifrar los misterios más desconcertantes de la vida.

La música es también un lenguaje por derecho propio. Doce notas o tonos se pueden combinar de maneras infinitas para producir innumerables frases musicales. Podemos oír una melodía, grabarla y escucharla tantas veces como queramos para nuestro constante placer. Sí, la música es una delicia para los sentidos. En la materia palpita el ritmo musical. Desde la época de la prehistoria, la música ha tenido el poder de suscitar emociones y desestabilizar sociedades. Ha definido nuestros valores presentes y ha documentado nuestra historia.

He citado tres códigos básicos: las palabras, la música y los números. Los llamaré a-b-c, 1-2-3, y do-re-mi. Los tres actúan juntos al combinar matemáticas y emociones. Sin las matemáticas —el conteo regular de compases por frase— no existirían las canciones. Sin las palabras, las canciones no podrían contar una buena historia. En cada poema se canta la pasión de alguien y cada conversación tiene su propia entonación. Y todo esto es también importante en el arte de la interpretación.

Actuamos con destreza y conciencia o no. Ponemos palabras a una música adecuada, pero también podemos desafinar. Nos comportamos como aficionados y luego actuamos con precisión artística. El arte es subjetivo, personal y siempre cambiante.

Con las palabras creamos belleza. Creamos libros, piezas de teatro, películas y apegos duraderos. Las palabras nos inspiran a apreciar la belleza si nunca nos han animado a hacerlo. Las palabras nos excitan. Las palabras nos reconfortan. Como cualquier expresión artística, las palabras pueden también crear divisiones. Las palabras pueden producir miedo y enemistad.

Mantenemos una curiosa relación con los símbolos. Los usamos en beneficio y en detrimento nuestro... pero no nos lucimos demasiado a la hora de ver la diferencia entre ambos efectos. Nos cuesta descifrar nuestros propios códigos emocionales.

Piensa en el papel que interpretas en tu vida. ¿Cómo usa tu personaje las palabras para comunicarse con otros personajes? ¿Cómo se comunica consigo mismo? ¿Apoyan tus palabras un enfoque negativo? ¿Critican, protestan y a veces incluso se burlan del que habla?

Quizá pienses que pareces ser una persona positiva y tolerante, pero escucha tus pensamientos, es posible que no sean tan compasivos como piensas. Crees ser alegre, pero tu ceño fruncido lo desmiente. Tal vez jures ser afectuoso, pero tu lenguaje corporal lo niega. Te apartas de los demás. Evitas el contacto directo y los gestos cálidos. No te estoy acusando, son solo ejemplos de cómo nos engañamos a nosotros mismos. La imagen que tenemos no se ajusta a nuestras palabras y acciones.

El cuerpo habla con su propio lenguaje. Nos cuenta secretos que la mente no quiere revelar. Nuestros estados de ánimo y nuestros gestos transmiten mensajes, aunque no queramos, y son más elocuentes que las palabras. Nuestro rostro «habla» tanto si articulamos algún sonido como si no. La boca se nos tuerce reprobadora. Arqueamos las cejas. Cruzamos los brazos en respuesta a una amenaza tácita. Cerramos los puños. Tensamos los hombros, guardamos un silencio desaprobador y movemos nerviosamente las piernas llenos de impaciencia. Ladeamos, giramos o agachamos la cabeza para evitar una posible disputa. ¿Quién necesita decir nada cuando somos tan transparentes emocionalmente?

La mayoría de personas no comparten sus pensamientos, pero transmiten y revelan fácilmente sus emociones de todos modos. En una pieza teatral el actor nos ofrece una interpretación de la motivación de su personaje. Cualquier público puede entender ese lenguaje. En un libro se describen con detalle los pensamientos y los sentimientos de los personajes, el lector los capta. Observa el arte de tu alrededor. Todas las personas nos ofrecen un soliloquio silencioso. Interpretan un papel sin hablar. Sus rostros nos dan pistas. No conocemos su narrativa mental, pero recibimos el mensaje de todos modos.

Las emociones fluyen bajo la piel, son químicas, sutiles, aunque resultan más fáciles de interpretar que las palabras. Y nos atraen como un imán. Los dramas emocionales ajenos nos atrapan de por sí. Y tampoco podemos evitar arrastrar a los demás a nuestros propios dramas. A todo el mundo le gusta una buena historia y las personas que les dan vida son carismáticas… Emocionan a la audiencia. Los espectadores quieren sentir y ver además sus propios sentimientos reflejados en los de los personajes. Quieren que alguien se sienta tan mal como ellos, o quizá peor aún. Desean recibir su dosis de drama y una muestra del alimento emocional que recuerdan de la niñez.

¿Te das cuenta? ¿Puedes advertir lo que haces, lo que a todos nos han enseñado a hacer? Aquello de lo que te percatas lo puedes cambiar. Y la transformación personal empieza con el más pequeño de los cambios. Tienes tiempo para mejorar tu arte mientras paseas por este campus, así que aprovecha cada oportunidad. Obsérvate con más detenimiento. Escúchate con más atención. Todavía quedan muchos misterios por esclarecer.

Como es natural, ya has aprendido muchas cosas sobre ti. A estas alturas ya has reconocido indudablemente tus poderes artísticos. Ahora ya controlas tu forma de pensar, de hablar, de usar tus palabras y también de moverte. ¿No es así? Ya nadie escribe guiones para ti. Nadie te susurra lo que has de decir desde los bastidores. Nadie te indica que sonrías, te encojas de hombros o pongas los ojos en blanco. Ahora eres tú quien decide hacerlo, ¿no?

Tu conducta es tan automática que tal vez no adviertas la mayor parte de lo que haces y dices. Quizá ni siquiera sientas curiosidad por descubrirlo. Has aprendido tus respuestas de memoria como cuando memorizaste canciones populares y tablas de multiplicar de niño. Y ahora te dejas llevar por esas respuestas. Tal vez el lenguaje te ha traicionado. A lo mejor las palabras te salen de golpe de la boca sin avisar y te causan todo tipo de problemas. Si es así, ¿qué ha ocurrido? ¿Se ha vuelto perezoso el artista? ¿Se ha rendido el músico?

¿Cuándo fue la última vez que te escuchaste a ti y te cuestionaste lo que decías? ¿Con qué frecuencia haces una observación nueva o no dices nada en lugar de soltar algo que era de esperar? ¿Te atreves a corregirte o a admitir que no tienes idea de lo que estás diciendo? ¿Has intentado alguna vez detener un tren desbocado de pensamientos? O mejor aún, ¿has intentado impedir que saliera de la estación?

Las opiniones ajenas no deberían controlar tus pensamientos. Si prestas atención podrás cambiar tu forma de reaccionar. Puedes desprenderte de un puñado de ideas obsoletas. Frenar los monólogos que oyes en tu cabeza. Gozar de estabilidad emocional tanto si vives experiencias agradables como desagradables.

A medida que recorres el campus, puedes enseñarle a tu mente algunos trucos nuevos. Una mente flexible te permitirá dejar atrás hábitos obstinados y tener ideas nuevas. Procura reírte de ti mismo. Aprecia la belleza de tu alrededor y respeta todo cuanto te rodea. Frena tus miedos para que no tomen impulso.

No se trata de ser un actor más consumado, sino un mejor ser humano. Disipa la neblina mental que te envuelve y goza de una clara visión. Aquello de lo que te percatas lo puedes cambiar.

Demasiadas audiciones

Cuando buscas trabajo como actor participas en audiciones para conseguir un determinado papel. Te dan un guion y te piden que hagas una escena en un escenario incómodo. Quizá tengas la sensación de haberte pasado la vida haciendo audiciones y de haber dedicado mucho tiempo a preparar tu siguiente papel.

Desde tu tierna infancia has estado pasando de un círculo social a otro. ¿Lo recuerdas? Cada situación era una especie de prueba, una forma de mostrar tus talentos. Cada circunstancia nueva te exigía complacer a alguien, o resolver conflictos personales. Cada sociedad nueva era una escuela de los misterios.

A medida que terminabas una escuela e ingresabas en otra, tuviste que seguir distintas reglas. Con cada cambio se esperaba de ti que congeniaras con gente nueva y aprendieras su lenguaje. Quizá cada vez te fue más difícil mantener una buena comunicación, pero las recompensas que te ofrecían eran mayores.

La comunicación refleja, en su esencia, la necesidad de conocer la verdad. Tú, como cualquier otra persona, esperas que los demás te entiendan y deseas conectar realmente con la gente. Quieres que tus palabras sean leales mensajeras de tu intento, pero a menudo no lo consiguen. Las palabras son símbolos que solo alcanzan a describir lo que existe. Sugieren. Significan cosas. Las palabras aparentan ser cosas reales, pero como ya sabes lo que mejor hacen es enmascarar la verdad en lugar de revelarla.

Todos conocemos a sujetos que se esconden detrás de un muro de palabras. Tú también sabes servirte del lenguaje para engañar y despistar. Recitas guiones. Niegas y exageras. Mentir parece el mejor método para lidiar con los demás. Las mentiras quizá te protegieron de acosadores en el pasado. Te defendieron de una dura verdad y te proporcionaron una coartada cuando estabas asustado. Pero ¿qué harás en el futuro? ¿Hasta cuándo te servirán las mentiras?

No tienes por qué hacer audiciones toda la vida. No tengas miedo de los juicios de tus compañeros. Los amigos con los que te encuentras en tus paseos por el campus están angustiados por sus propios miedos. También les preocupa encajar como a ti. Como buscan relacionarse con personas valientes y auténticas al igual que tú, no es de extrañar que algunos te hayan elegido. Pero advierte la energía que gastas al intentar ser ellos.

Todos podemos inspirar a los demás. Todos somos innovadores. Todos somos artistas. Somos narradores de historias y tejedores de sueños. Nos gusta resolver enigmas absurdos y explorar misterios profundos. Vengamos de donde vengamos, vivimos la vida cotidiana de la misma forma a diario. Una mujer que hable kirundi dice las mismas cosas en un mercado africano que cualquier otra de otra parte del mundo. Regatea para conseguir productos frescos por la mañana. Chismorrea sobre la familia que tiene de vecinos. Riñe a sus hijos cuando se portan mal y les consuela cuando están enfermos. Al caer la noche, le susurra palabras de deseo a su marido. Entiende el vocabulario del amor y sabe expresar sus necesidades.

Todos tenemos cosas en común, pero llegamos al mundo como individuos. Nos enfrentamos a cada reto que nos presenta la vida de distinta manera y con un estilo propio. Cruzamos nuestro pequeño escenario a zancadas con nuestra singular manera de andar. Hablamos con una voz distinta de la de otros artistas. El mundo celebra a los que no temen ser únicos.

El regalo que le puedes ofrecer a la humanidad es seguir siendo genuino y natural. Tu contribución más significativa es tu autenticidad. Tu búsqueda más hermosa es alcanzar la verdad mientras recorres el mercado, paseas por el campus o sales al escenario.

¿Por qué importa todo esto?

De nuevo, quizá te preguntes: «¿Qué me aporta todo esto a mí?» Como estudiante de arte, quieres tomar decisiones fascinantes. Quieres que todos tus esfuerzos creativos revelen cierto grado de verdad. Las herramientas que necesitas las tienes a mano: tu cuerpo, tus palabras y tu voz. La cualidad de tu arte depende de cómo apliques estas herramientas. Tu felicidad depende de cómo tu arte refleje tu visión.

Hoy me he centrado en el arte de la palabra hablada. ¿Cómo eliges tus palabras? ¿Dices lo que quieres decir y quieres decir lo que dices? Las palabras son las herramientas de tu oficio. ¿Obedecen a tus intenciones? Si no es así, decide cómo pueden servirte mejor. Elige la entonación con la que hablas. ¿Te fijas en este proceso? ¿Adviertes tus pensamientos o te llevan la delantera? Puedes mejorar tu relación con las palabras seleccionándolas de manera consciente y creativa.

Un actor interpreta los símbolos y da vida a las palabras. Todos lo hacemos. Interpretamos símbolos. Decimos palabras de un modo que sugiere cómo nos sentimos. Las palabras no son más que palabras, son representaciones muertas que cobran vida gracias a la imaginación. Pronunciadas con intención mueven corazones y cambian mentes. Tus palabras —habladas o silenciosas— tienen el poder de cambiarte. Al igual que te han atado a un papel, pueden abrirte la mente y ensanchar tu visión de ti.

Con demasiada frecuencia las palabras simplemente llenan los silencios. Pero no necesitas repetir frases de manera mecánica o decir lo mismo de la misma forma como si hubieras memorizado un guion. Escuchar y asegurarte de que las palabras representan quién eres ahora te permite ser un mejor comunicador. Quizá te hayas apalancado en un determinado estilo de interpretación, pero puedes explorar también otros métodos. Incluso puedes olvidar tus cómodas técnicas y redescubrir tu autenticidad.

Habla como si tus palabras fueran sagradas, como si se trataran de las palabras de los grandes mensajeros de la humanidad. En la historia de tu vida eres realmente el mensajero y el mensaje al mismo tiempo. Creas un ambiente para que otras personas lo habiten. Tu forma de comunicarte puede cambiar vidas para mejor o destruir pasiones incipientes. Puede aumentar posibilidades o limitarlas. De ti depende.

El campus de esta escuela es inmenso y está lleno de opciones apasionantes. Tenlas todas en cuenta. Deja los caminos principales y distínguete de los otros artistas. La sabiduría de la experiencia te dará una mayor seguridad interior. Y al sentirte más seguro por dentro estarás más dispuesto a correr riesgos y a hablar por ti mismo. Pero si las inhibiciones de la infancia siguen atormentándote de adulto, no evolucionarás al ritmo que deberías.

Te animo a plantearte unos ejercicios originales para esta clase. Nadie te conoce mejor que tú. Solo tú sabes cuáles son tus respuestas más predecibles, tus palabras y frases típicas. Cuáles son tus historias más conmovedoras. También sabes lo que te provoca y te hace poner a la defensiva. Sabes evitar juzgar a los demás al juzgarte antes a ti. Conoces a este personaje tuyo que interpretas mejor que nadie. Así que estúdiate. Diviértete, experimenta un poco y rétate.

Observa tus diálogos interiores de vez en cuando. ¿Cómo son día tras día? ¿Qué sentimientos te generan? Quizá consigas pasarte un día —una semana, un mes— sin escuchar la voz en tu cabeza. Cuando no le prestas atención, el ruido desaparece. Para cualquier artista es importante sentirse cómodo con el silencio y dejar entrar la vida a raudales.

¿Qué más puedo hacer?

Todos podemos beneficiarnos al investigar sobre otros artistas. Podemos aprender a observar a los demás sin hacer comentarios ni juicios. Observar sus reacciones a las situaciones cotidianas y advertir cómo reaccionamos de formas parecidas. Podemos sentir su ritmo, oír su lenguaje. Captar el mensaje que se oculta bajo sus palabras.

En cuanto adquieres el talento de escuchar a los demás, te escuchas a ti mismo mejor. Pregúntate: «¿Cuál es mi tono de voz y mi estilo?» Y luego ve más lejos aún y pregúntate: «¿Cuál es el mensaje que transmito?» «¿Qué clase de artista soy en realidad?» Este tipo de preguntas inspiran nuevos descubrimientos.

Para empezar a mantener una relación enriquecedora con la vida confía ante todo en ti. Aprecia tu instrumento —el cuerpo, el cerebro— y deja que interprete una auténtica canción. No importan las técnicas que te hayan enseñado hace mucho tiempo. No te preocupes por recordar tu guion. Si prestas atención al momento, sabrás decir las palabras adecuadas en el momento oportuno.

Todos nos quedamos atascados alguna vez. Creemos que no romperemos el hechizo de las historias antiguas, pero lo logramos. Tal vez podrías empezar a hacerlo al escribir sobre tu vida. Escribir tu historia es el mejor método para enfrentarte a las ideas obsoletas. Hazlo de la forma que prefieras. Empieza por el principio, por el final o por el medio. Sea como sea como lo hagas, sentirás una cierta determinación emocional. Ganarás perspectiva. Sacarás a la luz secretos enterrados y viejos rencores, y también cosas que duraron más de la cuenta y que ya no tienen ningún sentido.

No supongas que tu vida no ha estado llena de maravillas. No subestimes el papel que has representado en tu destino. Cuéntate la historia de tu vida objetivamente y respeta a cada personaje. Y sobre todo, respeta al héroe, al protagonista. Las decisiones de los personajes que has interpretado no han sido buenas ni malas. La trama no ha acabado bien ni mal. No juzgues nada y perdónalo todo. Un artista entiende esto y maneja cada asunto con compasión.

Otro buen ejercicio es imaginar que eres un dramaturgo protagonizando su propia obra. Eres el narrador de la historia. Y también el protagonista, el actor principal. Eres el intrigante giro de la trama, o el personaje que redirige la acción. Eres todo cuanto hay de impactante, sorprendente y tranquilizador. ¡Tanto da cómo responda el público! El entusiasmo y el amor por lo que haces son importantes. Interpreta la obra para ti... Sí, sé audaz.

Intenta maginar un episodio significativo en la historia de tu vida. Imagina después que improvisas tu parte del guion en lugar de recitarlo de memoria. Cada movimiento y cada gesto tuyos son espontáneos. ¿Cómo cambiaría esto la escena? ¿Cómo ha influido tu gran sinceridad en el resto de la trama? No temas el pasado, aprende de él. Dedícate a interpretar otras escenas siendo auténtico.

Eres un estudiante de arte. Eres un pintor y el lienzo es tu vida. Eres un músico y la sinfonía eres tú. Eres un novelista, un compositor, un escultor. ¿Cómo creas una obra maestra? Ante todo, respetando tu arte, sea cual sea tu idiosincracia. Confía en tu visión. Percibe la belleza en todo y plásmala en tu lienzo. Ama el arte de tu ser y habla los lenguajes más sencillos del amor.

Día 3:
La interpretación

«Todo lo que nos pasa, incluso las
humillaciones, las desventuras… todo eso
nos ha sido dado como materia prima, como
arcilla, para poder moldear nuestro arte.»

–Jorge Luis Borges

¡Hola! ¡Bienvenido, te espera otra mañana estupenda! Hace un día radiante y te sientes con las pilas cargadas. Los ejercicios que te asignaste te han llenado de energía y te han motivado a aprender más cosas, es evidente. Todos nacemos para maravillarnos y para imaginar. Los misterios existen para ser desvelados. Hoy ahondaremos un poco más en el misterio del actor. ¿Estás preparado?

Los seres humanos tenemos la capacidad de hacer que nuestras visiones cobren vida y de componer el ambiente y la música de nuestros días. Y esto implica interpretar papeles importantes. Aprendemos a una edad temprana de nuestro desarrollo las conductas sociales, el mimetismo y las habilidades lingüísticas, y todos estos elementos se combinan para que lleguemos a ser los actores que somos. Este curso no pretende enseñarte a actuar —ya dominas este oficio—, pero si estás interesado en sobresalir en el arte de la vida, te será útil admitir lo siguiente:

Actúas todo el tiempo.

Te crees los papeles que interpretas.

Te crees los papeles que interpretan los demás.

Es muy sencillo. Si estás pensando: «¡Alto ahí! ¡Lo que acabas de decir es indignante!», te diría que ahora estás interpretando el papel de una persona indignada. Si me dijeras: «Estoy de acuerdo en que la mayoría de la gente finge, pero yo no. ¡Nunca lo hago!», te respondería, sí, de acuerdo. Eres una persona auténtica, pero el personaje que has decidido interpretar (en el trabajo, en casa o incluso a solas) no lo es.

A la mayoría de personas nos encanta ver a comediantes imitando a otra persona. ¿Por qué nos hiere entonces que nos digan que imitamos a los demás? Todos formamos parte de la sociedad humana a través de la imitación. Así es cómo aprendimos a vivir en grupo y a progresar.

Somos, en gran medida, un calco de quienes nos criaron. Tomamos muchos rasgos de las personas con las que trabamos amistad o de quienes se enamoraron de nosotros. Los hermanos no se parecen por su ADN, sino por haber aprendido a actuar como quienes les criaron. Aprendieron de sus cuidadores los mismos patrones de lenguaje. A articular las sílabas, a reír, a discutir y a convencer a los demás. A seducir o a irritar a la gente. Lo hacen todo igual porque han ido a la misma escuela de arte.

El arte del mimetismo nos permite a los seres vivos alcanzar la adultez sanos y salvos. Nos prepara para tener hijos. Los seres humanos, como las crías de ballenas, de conejos o de babuinos, también aprendemos a imitar todo cuanto hacen los mayores para sobrevivir. Es algo instintivo y no tenemos la culpa de seguir imitando a los demás en la edad adulta.

Y, sin embargo, debemos superar esta costumbre. Las personas maduras se guían por su propio criterio a la hora de actuar, hablan por sí mismas y toman decisiones sobre su trayectoria vital. Y todos deberíamos hacer lo mismo. Cuando somos un calco de otros en nuestra forma de actuar, dejamos de ser interesantes para los demás y apenas nos consideramos interesantes para nosotros mismos. Aprovechemos nuestras diferencias. Recuperemos la autenticidad que perdimos en la infancia, sea cual sea nuestra situación.

Cualquier actor intenta instintivamente buscar la verdad en cada momento. Cuando la sinceridad surge de pronto en medio del fingimiento, a veces nos resulta chocante, al igual que le choca al público. Como voluntariosos conspiradores del momento, los espectadores también necesitan ser zarandeados por el relámpago de la verdad. Para estar unidos los seres humanos necesitamos ser auténticos.

La formación temprana

De pequeños hacíamos felices a los demás. En los momentos más sencillos, aunque desafináramos cantando, bailáramos torpemente o pintáramos un cielo de color verde, los demás siempre reaccionaban de maravilla. Si nos caíamos del sofá, la gente se moría de risa. Durante un tiempo fue como si el mundo se compusiera de un público sumamente encantador y complaciente. Aprendimos a imitar a los nuestros y ellos nos recompensaron con amor. Viéndose en nosotros, se sentían inspirados a amarse un poco más.

¿Has observado alguna vez a un niño mirándose al espejo? Los niños se complacen de la misma manera que han aprendido a complacer a los demás. Posan. Juegan a poner cien caras distintas. Desfilan por la casa como modelos de alta costura. Usan todos los elementos de su arte incipiente para interpretar papeles en el escenario de la vida.

Los actores profesionales aprenden a perfeccionar la forma de moverse y de hablar que adquirieron de principiantes. A medida que maduramos, nosotros también seguimos perfeccionando las habilidades que nos ha dado la vida. Un actor que se mueva por el escenario con muchas tablas cautiva más a los espectadores. Un actor que sea muy convincente, atrapa la atención de todo el mundo. Y esto también se aplica a ti. Tu forma de desenvolverte en el mundo determina las respuestas que recibirás de los demás. Tu tono de voz, la elección de tus palabras, los movimientos corporales… Todos estos elementos pueden cautivar al público cada vez que sales al escenario.

Cada actor necesita un lugar para lucirse y tu lugar lleva esperándote desde mucho antes de que salieras al escenario. El telón de fondo y el decorado ya se habían construido. Los personajes de confianza ya te estaban esperando en sus espacios asignados, bajo la luz de los focos principales. Deseosos de actuar contigo, de ayudarte a prepararte y a ensayar tu guion. Cuando saliste al escenario, todo estaba ya preparado para tu papel, los otros actores ocupaban sus respectivos lugares y la función ya había empezado. Te tocaba a ti interpretar tu parte en ese momento.

No es de extrañar que tus peores pesadillas tengan que ver con salir al escenario desnudo y sin un guion. Llegaste a este mundo de esta manera exactamente, aturdido por los focos, consciente de todos los que te contemplaban. Durante mucho tiempo no pudiste recitar la parte del guion que te apuntaban. No pudiste actuar como hacían tus hermanos mayores. Desde entonces has estado pisando los escenarios, luchando a veces con tu inseguridad escénica, aterrado por las críticas de los espectadores. Pero como cualquier actor consumado, seguiste saliendo al escenario y diste lo mejor de ti en cada interpretación.

Cada día sigues la misma rutina. Por la mañana te maquillas (o pones la cara que crees que mejor te funcionará) y te vistes para la parte del guion que se espera que interpretes. No tomas estas decisiones solo para sentirte integrado con los espectadores. El gran escenario no es solo para quienes se amoldan a lo establecido, incluso los inconformistas tienen que llevar máscaras y disfraces. La rebeldía es una elección relacionada con el estilo artístico de cada uno. Al igual que la indignación y el cinismo. Cuando todo el mundo se rebela, incluso los rebeldes parecen convencionales. Hasta los rebeldes son esclavos de la moda.

En el fondo, el peinado, la cara y la ropa dicen muy poco de quienes realmente somos. Como las pegatinas para el parachoques y los tatuajes, sugieren lo desesperados que estamos por *impedir que nos vean.* Preferimos escondernos detrás de nuestros lemas y de nuestro maquillaje. Camuflamos la verdad con sarcasmo. Retrocediendo en el tiempo, piensa un momento en tu aparición maravillosa y espontánea en el mundo. Fuiste un ser auténtico en el pasado. ¿Qué queda ahora de ese ser?

¿Estás ocupado ensayando, recitando, interpretando tu papel? ¿Quién te compensa por todos esos esfuerzos? Es cierto que naciste para imitar a los demás. Tuviste la suerte de recibir un buen cerebro que te permite procesar todo lo que ves y responder a ello. A base de práctica y de experiencia, has acabado dominando esta capacidad tuya. Cuando haces algo las suficientes veces, se vuelve parte de tu personaje. Así es como los actores profesionales se preparan para un papel. Y así es como tú también te preparaste, a base de practicarlo y repetirlo.

Creaste un personaje y una historia de fondo. Y ahora el diálogo te sale de manera automática. A los otros personajes de la obra que interpretas apenas los han perfilado, pero tú te conoces a *ti*. Nadie puede interpretar este papel mejor que tú, sea cual sea el guion y el público. Sin embargo, ahora estás empezando a ver que este papel ha influido en tus decisiones y acciones. Te das cuenta del control que ejerce sobre ti. Incluso puede que hayas advertido que no necesitas trabajar tanto ese papel. Hasta podrías dedicar un tiempo a descubrir al artista que lo interpreta.

Deja que cada pieza del rompecabezas te lleve a la siguiente. Sigue aprendiendo más cosas sobre el misterio que tú, el actor, entrañas. Al ser consciente de tus métodos, puedes tomar decisiones informadas sobre dónde dirigirte a partir de ahora.

El método

Ser consciente te ayuda a reconocer las decisiones que tomas en la vida. En este momento estás advirtiendo que eres un actor. Te estás viendo desde un nuevo punto de vista que te ayudará a tomar mejores decisiones mientras maduras. Ahora hablaré de las distintas técnicas que emplean los actores para lucirse en su profesión.

Es evidente que la mayoría afrontamos las situaciones de la vida cotidiana de forma parecida. Por ejemplo, usamos la técnica común de fingir que nos preocupan los problemas ajenos cuando en realidad no es así. Fingimos reaccionar emocionalmente —enojándonos, entristeciéndonos o indignándonos— porque nos parece lo más apropiado.

En muchas ocasiones nuestros sentimientos no se ajustan a nuestros actos. En algunas escuelas de teatro este desajuste se llama actuación superficial. Esta clase de interpretación es lo que el resto llamamos ser superficiales o poco sinceros. Cuando existe una contradicción entre lo que un actor siente y lo que hace, acaba ofreciendo una mala interpretación. Y el resultado a la larga es el agotamiento físico. Ser auténticos es revitalizante, pero la falsedad consume mucha energía.

Un actor se siente ansioso, incómodo y avergonzado cuando es mediocre. Su interpretación no es buena. Si un actor no crea un vínculo con los otros actores, se nota en la obra. ¿Qué tiene que ver esto contigo? Cuando no estás en sintonía contigo mismo, tu arte baja de calidad. Cuando no estás en sintonía con los otros actores, tu vida se resiente. Esto debería tener sentido para ti, incluso parecerte familiar.

Seguramente has oído hablar del Método Actoral, pero ¿qué significa este modelo? El Método anima a los actores a recurrir a sus recuerdos personales para inspirarse en las actuaciones. Y esto tiene sentido, ya que los artistas dependen en gran medida de sus experiencias vitales. Tú también dependes de lo que conoces y has vivido. Mencionas tu historia del pasado en tus relaciones sociales, ¿no es así? Hablas de tu niñez, de tus aventuras amorosas antiguas, de tu trabajo actual. Cuando no basta con tus historias, repites otras ajenas, las pides prestadas de la vida de otras personas. De cualquier manera, haces todo lo posible para que la gente se interese por la historia que les cuentas. Atrapas su atención y los entretienes. Este es tu método.

El Método Actoral aconseja a los actores revivir un determinado recuerdo mientras actúan. Reviven, por ejemplo, las emociones que sintieron al fallecer un ser querido años atrás para expresar las del personaje que están encarnando. Se sintieron destrozados entonces y su personaje lo está ahora. Los actores ofrecen una interpretación más convincente cuando recurren a los recuerdos emocionales. Tanto si estás interpretando un papel en un escenario como en la propia vida, este método puede parecerte habitual.

Revivimos recuerdos dolorosos con frecuencia, obsesionados por ofensas del pasado. Quizá nos enfurezcamos ahora por no haber podido hacerlo entonces. Prolongamos nuestro luto, pensando que estamos rindiendo homenaje a un ser querido o castigándonos. Recordamos enfrentamientos o ataques de celos antiguos por diversión. Y esto solo es lo que hacemos a solas. En público transformamos esos sentimientos privados en arte interpretativo.

Todos hemos vivido situaciones en las que se esperaba que reaccionáramos con fuertes emociones y que las expresáramos públicamente. Un funeral es este tipo de situación. Al igual que una boda. Se espera que lloremos abiertamente de pena o de alegría. Gritamos como locos en un partido de fútbol. Nos reímos a carcajadas al ver una comedia. Somos tan entusiastas como nuestros compañeros de trabajo o tan cínicos como un amigo. Nos ofendemos o nos sentimos profundamente heridos, al igual que alguien cercano. Pero cuando nuestra pareja nos dice «Si me amaras, sentirías lo que yo siento», parece que deberíamos sentirlo, pero no es así. Nos es imposible.

Claro que podemos ser empáticos con los demás. Percibir aquello por lo que alguien está pasando y consolarle. En la vida real, indignarnos para apoyar a una persona indignada no sirve de nada, al contrario, solo empeora las cosas.

Para la mayoría de personas, fingir sentir algo no es agradable. A la corta nos crea un conflicto interior. Y a la larga nos agota profundamente. Y también puede hacernos enfermar.

Para los actores profesionales mostrar una emoción intensa en cada actuación es duro para su cuerpo. Y en la mayoría de situaciones también lo es para el nuestro. Evocar recuerdos dolorosos, sea cual sea la excusa que pongamos, es como un castigo. Al menos lo *es* para el sistema nervioso.

Nuestra actuación quizá parezca real, pero nos exige controlar un proceso mental. Revivimos un recuerdo y hacemos que una idea, sea cual sea, parezca real. Somos el protagonista, el director. Decidimos el ambiente y el método de cada actuación y pagamos un precio emocional por ello. No tiene ningún sentido artístico causarnos sufrimiento. Es absurdo revivir un trauma de la infancia para parecer más auténticos. Quizá sea obvio, pero la autenticidad no necesita recurrir a ningún truco. La verdad no necesita esfuerzo alguno.

Resolver los problemas emocionales es parte de la labor de un actor, y también de la nuestra. Todos queremos ser artistas más productivos y mejores compañeros en nuestra relación de pareja. Lo cual significa eliminar los bloqueos emocionales para poder asumir papeles más importantes. Intenta ser un corrector consciente de tu propio material. Si te has estado entregando indulgentemente a antiguas heridas y a malos recuerdos, te estás complicando demasiado la vida. Y además eres un obstáculo para tu arte.

Hay otra técnica interpretativa que solo requiere que los actores estén presentes. Es decir, se sumergen en las circunstancias de la escena en lugar de revivir experiencias del pasado. *Creen en lo que está ocurriendo en el escenario.* Y funciona. El secreto radica en observar, escuchar y entender lo que está ocurriendo ante nuestros ojos. Toma nota. Son las circunstancias presentes las que deben determinar nuestras acciones y no nuestras impresiones del pasado. Lo importante es reaccionar y estar atentos al momento. Es decir, *estar ahí.*

Estar ahí no significa intentar recordar un sentimiento. Ni tampoco buscar una historia adecuada. Citar a personas más sabias que uno no es lo mismo que expresar sentimientos auténticos. Las palabras tienden más a llegar al corazón de quien las escucha cuando son sinceras. Todos notamos cuando un actor no es sincero emocionalmente en el escenario, nos hace sentir incómodos. Queremos mirar a otra parte. Y lo mismo ocurre en la vida cotidiana, cuando alguien intenta algo esforzándose demasiado, nos sentimos incómodos. Cuando finge preferimos mirar a otro lado.

Actuar es creer, esta es la máxima en la mayoría de escuelas de teatro. Aunque creer en algo no lo convierte en cierto.

En la vida cotidiana vale la pena ser escépticos. No tenemos por qué creernos todo lo que oímos, tanto si las ideas son nuestras o de otro. También vemos con más claridad y oímos mejor cuando captamos lo que está sucediendo realmente y no lo convertimos en un melodrama.

Acepta más retos como este. Rétate a ser escéptico, pero deseoso de escuchar. Después de todo, no estás actuando para un público que ha pagado una entrada. No estás intentando dar un espectáculo. Ahora sabes que la autenticidad te servirá toda la vida. También le servirá a tu grupo de actores. Cualquiera que comparta tu viaje apreciará tu capacidad para estar ahí y ser plenamente real a cada momento.

Presta atención a tu arte

Quizá creas que la interpretación está hecha para personas más extrovertidas que tú o inclinadas a ser el centro de atención. Tal vez pienses que es para alguien más atractivo y seguro. Pero en el fondo sabes que no es así. Siempre has intuido que eres un actor. Puede que no te acuerdes de tus primeros profesores o directores. Tal vez niegues que en alguna ocasión hayan escrito un guion para ti, pero todavía no estás seguro de por qué dices muchas cosas de las que dices. Ciertos impulsos tuyos te desconciertan, y muchas de tus reacciones te sorprenden. No entiendes el pequeño culebrón de tu vida, ni siquiera ahora.

Tu viaje es un misterio desconcertante en gran parte porque no has advertido lo que ocurre detrás del escenario. Prestar atención es el secreto para aprender. Los estudiantes no aprenden nada si no prestan atención en clase. La atención te ayudó a ser un buen actor, a ser fiel a tu papel. Al redirigir tu atención, puedes hacer algo que nunca antes intentaste: desechar antiguos papeles y realidades.

Hasta ahora, has dejado que tus creencias controlaran tu atención. Es decir, cuando crees algo tiendes a fijarte en todo aquello que lo respalda. Descubres formas de confirmar el valor de tus creencias. De hecho, te cuesta dejar de fijarte en tus creencias lo suficiente como para considerar otros puntos de vista.

Pero cuando controlas tu atención, no te dejas llevar tan fácilmente por cualquier creencia u opinión. No te sientes obligado a reaccionar ante lo que piensan los demás. Puedes decidir dónde invertir tu fe. Allí donde pones la atención, ocurren cosas. Las relaciones progresan. Los jardines crecen. Los proyectos florecen. Y lo más importante de todo, *las creencias* surgen gracias al poder de tu atención. Y sin ella, pierden el poder que ejercen sobre ti.

Has estado fomentando una cierta forma de ser con el poder de tu atención, pero quizás ahora te gustaría que las cosas fueran distintas. Tal vez quieres ser más receptivo, más espontáneo. Aunque el mundo intentará distraerte de tus esfuerzos. Es un lugar bullicioso donde toda la gente intenta reclamar atención. Las personas de tu alrededor están atrapadas en su propia función. Tu personaje apenas cuenta en su obra de teatro.

Tu historia no es importante. Nada de esto debería importar, lo esencial es cómo te distraes y te niegas a ti mismo.

Imagínate que estás en un cine lleno a rebosar un sábado por la noche con un público inquieto y bullicioso. Con todo ese caos a tu alrededor, te cuesta concentrarte en la película. A los espectadores les gusta hablar. Mandan mensajes de texto. Se retuercen y mueven en la butaca y salen de la sala un momento para comprar palomitas y refrescos. Mientras tanto, la trama sigue desarrollándose en la pantalla. La proyección de la película sigue tanto si los espectadores están mirándola con atención como si no.

Podría estar describiendo con esta imagen el mundo que conoces, el de fuera del cine. Cada día el extraordinario arte de la vida se está creando ante tus propios ojos. Brota, florece, resplandece y muere mientras tú estás absorto en el bullicio. Incluso sin el drama exterior, tu atención está atrapada en las escenas que se proyectan en tu cabeza. Nos pasa a todos, nadie le está prestando demasiada atención a nadie.

La atención nos paga con creces. Enseñarles esta lección a tus hijos es tan importante como ponerla en práctica tú. Tanto si deciden ser adultos felices como si no, pueden conectar en cualquier momento con la alegría, el amor y la vida a través de ti. Aprenderán de ti las recompensas de prestar atención.

La verdad en la actuación

La atención es lo que distingue a un actor del montón de otro fascinante. O a un buen amigo de alguien que no es de fiar. No importa lo que haga el resto del mundo, todos necesitamos prestar más atención a ser sinceros. Afirmamos que haremos cosas y después olvidamos lo que dijimos. Hacemos promesas que no cumplimos. Nos mentimos a nosotros mismos a menudo al fingir y reaccionar desmesuradamente. Hay una sencilla improvisación actoral que explica esta cuestión. Intenta relajarte e imagina por un momento...

Imagina que estás en una colina contemplando a tus pies una bella vista rural. El panorama es agradable y sumamente relajante. Al mirar con más atención, adviertes una larga vía ferroviaria extendiéndose por este pequeño valle. ¿La ves? Muy bien. Continuemos.

Mientras estás plantado en la colina contemplando la vista que se extiende a tus pies, oyes el sonido de un tren acercándose. El sonido parece venir de dos direcciones opuestas. Y esto te llama la atención. De pronto, ves dos trenes, uno viene del este y el otro del oeste. Ambos circulan a toda velocidad por la misma vía. Tocan la bocina. Pero ninguno reduce la velocidad. De repente, se te ocurre que a la velocidad que van los dos trenes acabarán colisionando.

De acuerdo. Quédate exactamente en el sitio que estás e interpreta lo que harías. Estás mirándolos. Los trenes avanzan uno hacia el otro a una velocidad vertiginosa. Se oyen los bocinazos. El chirrido de los frenos metálicos se propaga por el valle, pero sabes que no podrán frenar a tiempo para evitar el trágico choque.

¿Te imaginas llorando o girando la cabeza para no ver la escena? ¿Bajas por la colina a toda prisa tropezando y agitando los brazos? ¿Chillas a los trenes? ¿Pides ayuda a gritos? ¿O te tapas la cara negándote a ver el accidente? Cuando los trenes chocan y descarrilan, ¿qué haces? ¿Gritas horrorizado? ¿Te desplomas impactado? ¿Pierdes el conocimiento?

Si estuvieras actuando ante un público, interpretarías en esta escena a alguien expresando una gran emoción, ¿no es así? ¡Claro! Contemplar un desastre es demoledor emocionalmente. Y tú lo mostrarías. Mostrarías el terror y la rabia. Te quedarías sin voz de tanto chillar. Enloquecerías.

Pero en realidad un buen director te suspendería si hicieras cualquiera de estas escenas. Un profesor de interpretación al ver tu histérica actuación te daría un minuto para que recuperaras el aliento y luego te diría: «Ahora muéstrame qué harías *realmente* en esta situación».

¿Qué? ¿Después de todo el esfuerzo emocional? Probablemente te sentirías ofendido por el comentario, pero eres un buen alumno. Volverías a intentarlo. En esta ocasión prestarías más atención. Te quedarías mirando a la distancia, contemplando los dos trenes cada vez más cerca el uno del otro. Verías que circulaban demasiado rápido y que estaban demasiado cerca como para evitar el desastre. ¿Qué harías? No podrías hacer nada.

Estabas solo y lejos del lugar, no podías ayudar. O sea que no harías nada. Probablemente pondrías cara de preocupación, y luego de perplejidad. Incluso antes de la colisión inminente te quedarías paralizado. Boquiabierto, no saldría sonido alguno de tu garganta. Contemplarías la escena en silencio. Sin respirar apenas. Y una vez ocurrido el desastre, tal vez decidirías ir corriendo al lugar del accidente o lanzarte a toda prisa en busca de ayuda.

Esta respuesta es mucho menos teatral que la de gritar, pero es más sincera. La sinceridad, como he indicado, es fascinante. La verdad es convincente y al ser tan inusual nos impacta. Quizás este ejercicio te haya sorprendido. Quedarte de brazos cruzados tal vez vaya en contra de tu instinto, pero ahora tienes la cabeza fría. Es fácil *creer* que reaccionarías de muchas maneras, pero cuando llega el momento no es así. En una emergencia la cabeza pocas veces es la que manda.

Es bueno comprobar tu nivel de sinceridad en cualquier situación. Cuando tu propia falsedad te deja perplejo, algo cambia en ti. Al presenciar tu propia hipocresía anhelas la verdad. La verdad es escurridiza en la vida cotidiana, sobre todo porque nos olvidamos de buscarla. Pero podemos cambiar. Podemos aprender a desearla. A buscarla. Podemos dejar de fingir por un momento y esperar a que la verdad se nos revele.

A los grandes actores les encanta actuar y es obvio por qué es así. Les atrae más la verdad que una mentira e, irónicamente, la encuentran en el escenario. ¿Acaso la interpretación y la autenticidad son compatibles? La respuesta es complicada y sencilla a la vez. Todos llevamos buscando la verdad desde los primeros días en que nos embarcamos en esta aventura. De niños aprendimos que los adultos esperaban a menudo que no fuéramos sinceros y que, en ocasiones, hasta lo preferían. Desde entonces nos hemos estado perdiendo el sabor y la sensación de la verdad. En pocas palabras, llevamos mucho tiempo mintiendo.

El problema es que a la mayoría de públicos les encantan los dramas. Insisten en ver un buen espectáculo. ¿Qué puede un actor hacer entonces? El público lo cambia todo. Respondemos de manera distinta cuando nos observan. Por ejemplo, imagínate de nuevo la escena de los dos trenes. Esta vez no estás solo en la colina. Alguien está contigo durante la colisión.

De acuerdo. Si hubiera alguien a tu lado reaccionarías con más intensidad. Quizá gritarías, señalarías con el dedo los trenes y le describirías a tu acompañante lo que iba a ocurrir. Probablemente comprobarías su reacción. No es ningún misterio que nos sustentamos de las emociones ajenas. Interpretamos las pistas que los demás nos dan. Nos han enseñado a actuar y con demasiada frecuencia nos sentimos obligados a hacerlo.

¿Por qué? Porque los dramas nos funcionaban de maravilla en la infancia. Cuando no podíamos pedir algo al no saber hablar, gritábamos. Los gritos atraían como mínimo la atención de alguien. Cuando por fin aprendimos a hablar, seguimos gritando de todos modos. Un berrinche producía una rápida respuesta. Los gritos y las patadas nos daban resultados inmediatos. Descubrimos el modo de controlar a los demás, a los mayores, y no hemos olvidado la lección.

Los berrinches infantiles se convierten en berrinches de adolescente, hasta que evolucionan en conductas destructivas en la adultez. A decir verdad, es habitual ver a adultos dando patadas y gritando en busca de atención. ¿No es cierto? En este caso, las patadas y los gritos son metáforas del comportamiento teatral de toda índole. Los actos pueriles no mejoran las relaciones de los adultos. A estas alturas todos lo sabemos. Cuando cada acción provoca una reacción, seguida de la necesidad de reaccionar a esa reacción, la insensatez aumenta.

Quizá tú también actúas como una persona desquiciada que vive bajo presión. O como una reina del drama inclinada a los enfados para llamar la atención. ¿No? De acuerdo. No me estoy refiriendo a ti en especial, pero algunas personas siguen interpretando esos papeles. Tanto les da si obtienen una respuesta negativa, lo que les importa es provocar una. Aunque la mayoría de las personas evolucionan y maduran en la vida. Aprenden de las experiencias y se adaptan. Se atreven a ser sinceras. A veces, se vuelven más sensatas.

¿Eres lo más sincero posible contigo mismo o te gusta interpretar un papel de manera convincente? Todos los caminos llevan a la verdad si deseamos alcanzarla. Tal vez tengas que dar vueltas y sentirte confundido hasta encontrarla, pero ¿no es lo mejor que puedes hacer en este mundo? No pierdas el tiempo esperando mejores papeles, mejores funciones o un elenco de actores más simpáticos. Escúchate ahora. Aprende de tus mentiras. Cambia de rumbo y deja que la sinceridad se cuele en tus conversaciones. Procura aficionarte a ella.

Para tener la libertad de crear tienes que reírte de los críticos. Piérdele el miedo a los juicios. Quizá tengas que dejar el camino trillado para encontrar la verdad escondida entre las zarzas. ¡Qué más da! Sigue adelante. Date el gusto de recibir tu dosis diaria de verdad, aunque solo sea para ti.

La compañía

El elenco, o la familia teatral, es el corazón palpitante de la interpretación profesional, y la confianza que existe entre los miembros de esta familia es un ejemplo para todos. Los actores dependen unos de otros. Y también del apoyo que reciben entre bastidores. La magia del teatro radica en la colaboración, cada artista es esencial para el resultado final.

Los actores trabajan como un equipo muy unido, en el mejor de los casos. Confían en que los demás les indicarán las instrucciones correctas y el momento idóneo para salir al escenario. Dependen de la energía y la inspiración del resto. La interpretación profesional exige largas horas de trabajo y es estresante físicamente, pero una buena colaboración hace que todo ese esfuerzo haya valido la pena.

Al resto nos ocurre lo mismo. Todos viajamos con una comparsa de amigos. Compartir experiencias nos une más. Confiar en los demás nos hace ver la vida con menos cinismo. Dejar que un amigo se luzca es un generoso regalo. Nada de esto parece especialmente teatral, pero lleva al mismo resultado mágico. La magia que creamos entre nosotros es su precioso misterio.

Todos los artistas, sean de la clase que sean, se sienten atraídos por sus colegas. Disfrutan compartiendo el lenguaje y las pasiones de su arte. Conversan del trabajo, de sus problemas y recompensas. ¿Hablas con alguien de tu propio proceso vital o de los trucos de tu profesión? ¿Con quién puedes hablar con franqueza de tus temores o de los miedos que has vencido? ¿En qué circunstancias te atreverías a ser vulnerable emocionalmente sin sentirte incómodo?

Apoyado por su elenco, los actores toman decisiones valientes. Pueden hacer locuras juntos en beneficio de su arte. ¿Cuándo confiaste lo bastante en la vida como para olvidarte de tus inhibiciones? Es inspirador ver a un grupo de personas actuando juntas como un equipo lleno de confianza, o presenciar la confianza y el compañerismo entre los que persiguen el mismo objetivo. Es desalentador sentirnos incómodos unos con otros.

Solo es necesario cambiar levemente nuestra mirada para apreciar el talento de cualquier persona. Si fueran más los que hicieran este cambio, estaríamos encantados de compartir unas pasiones similares. Nos quitaríamos las caretas de vez en cuando. Nos atreveríamos a ser auténticos. Pero en su lugar decidimos protegernos con máscaras. Guardamos secretos, incluso para nosotros mismos.

Admitir que formamos parte de una compañía de actores —participando en obras importantes y nimias— derriba un montón de muros imaginarios. Incluso derriba algunos reales para que deseemos inventar juegos y conspirar juntos. La diversión puede ser nuestro objetivo principal. No es necesario volver a ser niños para gozar de la emoción de actuar en equipo. Podemos dejarnos llevar por la excitación y sentir esa magia en cualquier momento.

El teatro infantil es un ejemplo de entrega a lo mágico. Los niños no se contentan con ser meros espectadores, insisten en participar en la acción. Estoy seguro de que puedes imaginártelo. Hazlo ahora: imagínate que estás viendo una obra de teatro infantil. Se abre el telón para escenificar un cuento de hadas. Pongamos que se titula *Rapunzel y la bruja malvada.*

Observa cuán rápidamente los niños aceptan la premisa de que una bruja rapta a una niña y la obliga a vivir el resto de su vida en una torre encantada. Enseguida se sumergen en el relato, aunque sea la primera vez que lo escuchen. Su excitación no depende de escenarios elaborados ni de efectos especiales. Ni siquiera necesitan conocer la historia de fondo. No necesitan ver una larga melena dorada y ondulada colgando de la ventana de la torre, se la imaginan.

Entienden que un príncipe se ha enamorado de Rapunzel y quiere liberarla de la crueldad de la bruja. Cuando la bruja malvada sale sigilosamente al escenario, se llenan de terror y excitación. Llaman gritando a los otros personajes del escenario para avisarles del peligro. Son parte de la escena. La acción los atrapa.

Los niños llegan al teatro como ellos mismos y después se transforman en otro ser. Se vuelven cómplices. Con avidez, se sumergen gustosos en el hechizo y se meten de lleno en el argumento. Mientras dura la función, la felicidad de Rapunzel afecta a la suya. El destino de la joven afecta a su destino. Quizá tachemos esta conducta de pueril, pero ¿no hacemos los adultos lo mismo?

¿Acaso no nos sumergimos rutinariamente en absurdos giros de tramas? ¿No nos dejamos atrapar por los dramas ajenos? Cuesta resistirse a ello. Nos creemos la premisa de su historia, sea la que sea, y nos apuntamos a la insensatez. Ocurre.

Los niños usan su sorprendente imaginación para divertirse. Para ellos es estupendo vivir en un mundo imaginario y creer completamente en él. Viven una aventura emocionante en compañía de otros niños entusiasmados. Pero vivir demasiado tiempo en un mundo fantástico es agotador, incluso para los niños. Después de pasarse una tarde entera fingiendo vivir en un mundo imaginario, se sienten aliviados cuando los llaman a casa para cenar y caen rendidos en su cálida cama. Los adultos también necesitamos que nos llamen de vuelta a casa. Seamos niños o mayores, ninguno de nosotros quiere estar encerrado en una torre para siempre, por más mágica que parezca la escena al principio.

Lo que te estoy pidiendo es que observes dónde depositas la fe y que hagas los cambios cuando necesites hacerlos. El sentido común te dice que deposites tu fe en *ti*. No te engañes por amor a una idea idílica. No basta admitir que es una fantasía, necesitas despertar de ella. Ver dónde te está llevando una historia negativa y cambiar de dirección. Di no a los dramas. Pierde el miedo. Protégete de tus propios maltratos, solo tú puedes hacerlo.

El miedo escénico

Estoy seguro de que alguna vez has sentido la lucha interior de querer encajar y atreverte a ser auténtico. Has sido reacio a cambiar de camino. Te ha dado miedo hacer un comentario desagradable. Has vivido la ansiedad de tener que enfrentarte al público y exponerte a las críticas.

En ocasiones la situación no es tan pública. Por ejemplo, te has sentido inquieto por una primera cita o una entrevista de trabajo. O has enfermado de preocupación pensando en una tarea asignada o en un viaje de negocios inminente. O tal vez has temido enfrentarte a un amigo o romper con tu pareja. El miedo a ser juzgado puede acabar con tus mayores impulsos creativos. Puede hacerte ir en contra tuya.

A lo mejor has vivido el terror de estar en un escenario ante el público. En este caso, los críticos fueron cientos de desconocidos. Tenías las herramientas adecuadas —tu rostro, tu voz, tu mensaje—, pero al sentirte el centro de las miradas las herramientas se te quedaron cortas. Quizás el sueño de estar desnudo y que la gente se ría de ti se materializó en tu vida. Si es así, el miedo debió de haber estropeado tu actuación. Les ocurre a todos los artistas.

Tu vida es tu arte y algún día tendrás que revelarle al mundo la obra maestra que creas. Los pintores tienen que mostrar sus cuadros, aunque signifique exponerse al rechazo. Los actores tienen que salir al escenario. Los músicos tienen que abrir su corazón a un público voluble. Los comediantes tienen que enfrentarse a los espectadores que les interrumpen. ¿Y qué tiene que ver cualquiera de estas dificultades contigo? Pues todo.

A menudo estás expuesto a los demás, por no decir la mayor parte del tiempo. Muestras tu arte a tus compañeros de trabajo y a tu familia regularmente. Tus talentos son objeto de escrutinio a diario. Practicas y ensayas cada próximo espectáculo y solo de pensar en salir a escena ya te tiemblan las piernas. En los momentos de soledad te imaginas el peor resultado posible.

Quizá sea el momento de cambiar tu enfoque de la vida. Tu existencia es un sueño continuo y los sueños cambian, al igual que tus percepciones. Los demás están actuando en sus pequeños escenarios, intentando complacer a su propio público. Obsérvalos en acción. Fíjate en cómo el miedo reprime sus mejores instintos. Observa cómo sus críticas sobre ti reflejan sus inseguridades. No te preocupes por el rechazo ajeno. Es mucho más importante ver cómo te rechazas a ti.

Los actores profesionales se merecen un gran reconocimiento por enfrentarse a sus miedos. Salen al escenario, noche tras noche, jugándose la reputación. Al igual que un principiante como tú. Te arriesgas cada día de manera parecida. Afrontas posibles fracasos, como el resto de los artistas. Te arriesgas a ser ridiculizado. Te expones a la gente con las consecuencias que conlleva. En tu profesión has muerto un poco y has renacido en muchas ocasiones. Y mientras tanto has mejorado en tu oficio.

Dedica un momento a reconocer la cualidad onírica de tu vida. Imagínate en el escenario, bajo los focos. ¿Quién te está mirando? ¿Están los espectadores prestándote atención? Aunque tus miedos sean abrumadores, les plantas cara y los superas. El miedo es una elección creativa, un accesorio. Elige la valentía en su lugar. Elige el humor. Elige la fe en ti. Crea en tus propios términos. Tienes la oportunidad de dominar este aspecto de tu vida antes de abandonar este campus. Esto también depende de ti.

Todo el mundo que conoces ha tenido que superar el miedo y tú puedes guiar a los tuyos con el ejemplo. Ten en cuenta tu elenco, tu equipo de colaboradores. Todos deseamos gozar de la confianza mutua. Disfruta de tu colección de personajes. Deja que te conozcan. Conócelos y apóyalos en su interpretación.

Ve a los demás como los artistas que son. Observa cómo se comprometen con sus papeles. Advierte las motivaciones de sus personajes, y sus cualidades y defectos. Aprécialos tal como son. Fomenta su arte, sea el que sea. Tu atención es importante, así que muéstrales los mejores reflejos sobre sí mismos. Apoya a los tuyos y confía en que ellos harán lo mismo por ti.

El amor como motivación

En términos sencillos la motivación es lo que hace que un actor vaya de un lado a otro del escenario. ¿Qué nos empuja a las personas corrientes a hacer lo que hacemos? No es fácil de decir, ya que nuestra conducta es a menudo automática. No pensamos demasiado en nuestras acciones o reacciones. Nos movemos imprevisiblemente por el escenario y llenamos los silencios incómodos de ruido.

Los actores profesionales, sin embargo, planifican sus movimientos con precisión. Tú y yo no nos hacemos preguntas como: «¿Por qué me he sentado o por qué me he vuelto a levantar?» No nos preguntamos por qué nos hemos girado hacia el fondo del escenario o movido de pronto a la izquierda. No advertimos cada movimiento de la cabeza o cada alzamiento de cejas. Los actores se sirven del más leve de los gestos para transmitir algo al público. Usan su cuerpo, su instrumento conscientemente. ¿Y el resto? La verdad es que no somos tan conscientes de él, pero esto no significa que no estemos motivados.

En tu rutina diaria una escena te lleva a otra y las conversaciones se repiten (como ocurre en un culebrón televisivo). No estás seguro de *por qué* dices lo que dices. No siempre sabes lo que te impulsa a hacer lo que haces. Algo te empuja a ello. Algo te hace interpretar distintos papeles, en distintas situaciones, para distintas personas. Eliges tu estado de ánimo según una necesidad tácita.

Con una persona actúas como un bebé, llorando para pedir lo que quieres. Con otra, te muestras tranquilo y seductor. Con una tercera te enojas a la más mínima y eres competitivo. Eres un niño bueno o un niño malo. Eres el mártir, el mediador o el tonto. Son todas unas elecciones interpretativas. Y están motivadas por algo, quizá por la necesidad de ser validado, elogiado o visto. Sea lo que sea, el resultado es que consigues lo que quieres.

Cuando interpretas un papel tomas decisiones deliberadas. Actúas por unas razones en concreto, lo admitas o no. ¿Te has preguntado últimamente cuáles son? ¿Qué te ha motivado a hacer este curso, por ejemplo? ¿Por qué asistes a esta clase? ¿Cómo te gustaría que tu mundo cambiara y hasta qué punto te has comprometido a hacer esos cambios? ¿Hasta qué punto deseas acabar con el drama en tu vida?

Una actriz perspicaz no se pregunta solo qué le motiva a actuar, sino también qué le mueve a ir a la esencia de una escena. Descubre la esencia de un personaje usando la empatía y no los juicios. Tu tarea también es entender qué motiva tus acciones y tus palabras sin juzgarte. En cuanto lo entiendas, podrás adaptar tus acciones para que se ajusten a quien eres ahora y no al papel que solías interpretar. Ponte manos a la obra, ahora, y ahórrate el sufrimiento de cualquier arrepentimiento futuro. Deja que el amor te guíe en tu próxima decisión, y también en la siguiente.

El amor es la motivación más poderosa de cualquier artista. Observa a fondo las actitudes de tu personaje en cuanto al amor. Quizá haya llegado el momento de actualizar algunas creencias antiguas sobre el tema, incluso puede que decidas abandonarlas. ¿Te parece peligroso el amor? ¿Te ha aterrado siempre? ¿Te preocupa perder el control? ¿Crees que amar a alguien te hace parecer débil o ingenuo? Si es así, despréndete de esta idea. No tiene ningún sentido temer al amor.

El amor es sencillo, pero lo complicamos. Nuestra relación con el amor es de confusión y oposición. Se parece a la relación que mantenemos con nosotros mismos: nos resistimos a intimar demasiado con nuestro ser o a sentir con demasiada profundidad. Nos han enseñado a creer que el amor no es más que una emoción, quizás incluso una que nos debilita.

Como cualquier buen actor, puede que te guste convertir el amor en un gran drama. O en una broma. Si solo finges amar, el amor te llevará rápidamente al odio. Tal vez engañes al mundo con tu falsedad, aunque el mundo no importa. Pero tú sí importas, y tu felicidad depende de cómo amas.

El problema es que a muy pocos nos enseñaron a amar. Nuestra relación con el amor está llena de contradicciones. No confiamos realmente en él. Componemos canciones románticas, lo glorificamos, y después le echamos la culpa de nuestros problemas. Decimos que el amor es veleidoso. Que es ciego, pero lo anhelamos de todos modos.

Nos comprometemos a amar eternamente, a no ser que cambiemos de opinión por alguna razón. El amor lo supera todo, aunque depende de la situación. El amor es todo cuanto necesitamos… quizá. Se puede afirmar que todos aprendimos a amar con dudas y condiciones.

Tal vez te hayas oído decir que no puedes amar, o que no te mereces que te amen, pero no son más que historias. Las concebiste para intentar protegerte del sufrimiento, pero ahora ya no las necesitas. Quizá creas que el amor es el culpable de tu infelicidad, pero te estás engañando. Lo que te hace infeliz es esta *creencia*.

Olvídate por un momento de lo que crees sobre el amor. Ve el amor como la fuerza combinada de todas las emociones. Considéralo como pura energía, poderosa y creativa. Tú eres el poder existente en la materia. El amor forma tanto parte de ti como los átomos de tu cuerpo.

Vivir la cualidad incondicional del amor es muy inusual por una razón. Mientras avanzamos por la vida, solo nos encontramos con reflejos del amor. Un reflejo no es más que un reflejo. Nos hemos pasado la vida encontrándonos solo con reflejos distorsionados del amor y hemos estado reflejando a los demás lo mismo. Decidimos la intensidad con la que amaremos, según los riesgos.

A decir verdad, el amor no es una elección. La mente puede negarlo, pero no tiene más remedio que aceptarlo. Para un artista, el amor es su estímulo principal. Cuando creamos perdemos la noción de quienes somos. Nos entregamos a la vida. Cuando estamos inmersos en algo, como en un proyecto, un plan o un recuerdo, el amor siempre es el que está al mando.

Ya sabes lo que es la entrega. Cuando por ejemplo haces el amor, abandonas los miedos, te olvidas de todos los papeles que has interpretado en tu vida. Cuando creas algo también te olvidas de quien se supone que eres. Cuando trabajas con las manos para dar forma a cosas bellas con las materias primas de la vida, te está guiando el misterio. Cuando cantas o bailas también te sientes como pura energía. La energía es la fuerza del amor.

El amor no te hará daño. Lo que te lo hará es apartarlo de tu camino, creerte víctima del amor. Como cualquier otro artista, en alguna ocasión te ha faltado la inspiración. Has estado anhelando recibir atención y elogios. Sí, ha habido momentos en los que te has sentido traicionado por el amor, por la vida. Pero puedes dejar esas historias atrás. Ahora conoces la verdad, tú eres tu mejor fuente de amor.

A lo largo de tu viaje has acabado creyendo en mentiras. Has tomado decisiones poco acertadas y también otras maravillosas. Así es cómo evolucionamos. Adviértelo y celebra tu vida excepcional. Nadie destaca tanto como tú en lo que se refiere a tu encanto artístico. Nadie sabe encauzar la vida como tú. Nadie ama con tanto arrojo como tú.

¡Qué más da lo que digan los críticos! Déjate llevar por tus mejores instintos artísticos. Proponte crear una obra maestra y llénala de amor a diario.

¿Por qué importa todo esto?

Estás aquí para disfrutar de la vida, como todo el mundo. El problema es que nos dejamos arrastrar por los dramas. Pero es lógico. Las dificultades y las tribulaciones de la humanidad nos absorben por completo. Nos cuesta en especial resistirnos al melodrama que tiene lugar en nuestra mente con su revoltoso reparto de actores y sus argumentos ilógicos.

Nuestra mente retransmite un culebrón. Nos da un buen espectáculo, incluso demasiado fascinante. Crea dramas que alimentan nuestros miedos y dudas. Y esos dramas tienden a extenderse en el mundo real, lo cual afecta a los nuestros. Y sus reacciones quizá sean tan dramáticas como las nuestras, por lo que generan más miedos y dudas. Y así el espectáculo continúa.

Todos reclamamos atención, pero algunas personas recurren a los trastornos y al caos para recibirla. Si crees ser una de ellas, plantéate escribir un guion distinto para ti. Procura mostrar un mayor respeto por tu pieza teatral y por los actores que la interpretan. Demasiados excesos infligen un sufrimiento innecesario. A la larga tú serás el que más sufrirás.

Sé consciente de tus excesos dramáticos. No eres víctima de tu arte. Ni tampoco eres un público atormentado que se siente utilizado y estafado y que reclama que le devuelvan el dinero. Eres el actor, el coreógrafo y el diseñador de los decorados de esta obra tuya. También eres el director, el productor y el controlador de calidad de tu material. Tus berrinches no te ayudan en el proceso creativo. Tu autocompasión tampoco refleja tu genialidad.

La excelencia artística parece al principio imposible de alcanzar, pero no olvides que llevas décadas trabajando en tu obra maestra. Has estado aprendiendo métodos nuevos toda la vida. Has estado practicando y experimentando. Tus talentos especiales se reflejan en lo que te apasiona hacer. El arte es una celebración de la vida. La excelencia artística es una continua odisea. No la abandones ahora.

Dejamos de crecer como artistas cuando dejamos de explorar. No aprendemos al seguir los mismos caminos y contemplar el mismo panorama, sino que vamos creando nuestras obras maestras al adentrarnos en otros distintos. «¿Una obra maestra? ¿Estás bromeando?» quizá me preguntes. «¡Si da igual! ¿Y por qué me habría de importar?»

¿Por qué? Porque eres mucho más feliz dedicándote a lo que se te da bien. Eres más feliz siendo productivo. Cuando no estás lidiando con presiones del mundo exterior, puedes empezar a amarte y esto es importante. Tu arte importa. Tu auténtica presencia es importante en la vida de los que te rodean.

Mientras te preparas para tu siguiente papel o planificas tu siguiente gira promocional, considera la energía que gastas ensayando para la vida en lugar de vivirla. Considera la cantidad de tiempo que pasas soñando con el amor en lugar de poner el poder del amor en acción. El amor es tu legado más duradero. Lo has estado ahuyentando de tu vida y posponiendo. Así que el reto es ahora recuperarlo.

¿Por dónde empiezo?

Recuerda que todos estamos actuando sin saberlo. Interpretamos distintos papeles para distintas personas, en distintas situaciones. Tú y yo no somos actores profesionales, pero nos han enseñado a complacer a los espectadores y a seguir las indicaciones. Desde una edad muy temprana nos enseñaron a actuar de esta manera o de aquella otra según cada situación. Pero no hay nada que esté bien o mal, es simplemente así. Los niños necesitan encajar por su propia seguridad. Necesitan integrarse en la sociedad y adaptarse a las peculiaridades culturales. Y en la adultez conservamos la costumbre de integrarnos.

¿Cómo es la autenticidad en acción? En primer lugar, dejamos de intentar imaginar cómo nos juzga la gente. No tememos ofrecer nuestra visión única de las cosas. Nuestras reacciones vienen de nuestras percepciones y no de nuestras historias. Estamos presentes, somos conscientes y reaccionamos al ahora.

La sinceridad y la espontaneidad eran en el pasado rasgos naturales en todos. Constituían algo natural en ti. Éramos totalmente auténticos como los niños, pero quizá tardemos ahora un poco en recuperar lo que antes era un rasgo instintivo. Quizá has olvidado cómo responder espontáneamente y tengas que procurar ser sincero un poco para comprobar que no morirás si no *interpretas un papel.*

«No interpretar» no significa interpretar un papel como si no lo estuvieras haciendo. Como cualquier buen profesional, puedes ser consciente de estar interpretando un papel incluso mientras saboreas preciosos momentos de verdad. Puedes distinguir los momentos en que necesitas ser lo que los demás esperan de ti de los momentos en los que solo necesitas *ser* tú mismo.

Mientras decides ser genuino respeta los papeles de los demás. Tú no eres como ellos. Tu cerebro no funciona como el cerebro del resto de personas y tu cuerpo no se parece a ningún otro. Tus recuerdos también son distintos y tus interpretaciones de los recuerdos han pasado por el filtro de tus creencias. En esta vida interpretarás el papel de la madre o del padre de alguien, o el de un amigo atento. Interpretarás el papel de una esposa, de un marido o de un amante. Son papeles previsibles, pero los interpretarás a tu propia manera.

Los actores profesionales encuentran el modo de ser auténticos en papeles previsibles. Cuando sustituyen a alguien en un papel, no interpretan al personaje exactamente como el otro actor. Es poco probable que copien la interpretación anterior, por más que al público le haya gustado. Lo interpretan lo máximo posible con su propio estilo.

Por ejemplo, Romeo y Julieta son los protagonistas de una famosa tragedia de Shakespeare. Cada joven actor que interpreta a Romeo lo hace a su propia manera. Y cada actriz que interpreta a Julieta hace el papel según cómo se lo imagina. Cada interpretación es valiosa. Cada caracterización es única, porque los actores perciben el mundo y actúan de forma distinta.

¿Es esto también verdad para el resto? ¿Actuamos en la vida según nuestro propio estilo y nuestra visión única, o estamos imitando la interpretación que vemos y admiramos? ¿Imitamos las respuestas de las personas cercanas? ¿Usamos las mismas frases y hacemos gestos parecidos? Normalmente, no nos formulamos esta clase de preguntas.

Solo tú sabes si eres fiel a tus instintos. Solo tú puedes decidir moverte por el mundo con naturalidad. Es importante recordar que tienes una opción. En cada situación puedes elegir interpretar un papel habitual o dejarlo a un lado. En cualquier momento puedes elegir esconderte tras una máscara o quitártela y dejar de actuar.

De cualquier manera, el resto del mundo seguirá observando lo que haces y viendo una interpretación, pero sin la máscara te sentirás liberado. Sin un papel para interpretar, te conocerás mejor. Respeta la verdad de tu ser: sus manifestaciones y sus misterios. Tienes la opción de emplear tus talentos de forma consciente. Cuando no es necesario interpretar un papel, también puedes decidir abandonar tus fingimientos y dejar de actuar en tu función.

Has estado mucho tiempo bajo el hechizo del personaje que interpretas. Las historias que te cuentas sobre ti no son la verdad. Son tu arte excepcional y pones mucha energía en tu arte. Inviertes tanta energía en tus historias que incluso parecen ciertas. En realidad, tu cuerpo se somete a tus historias. Tus estados de ánimo, tu actitud y tus prejuicios están condicionados por las historias que los demás te transmitieron.

Sin embargo, las historias pueden cambiar. Puedes alterar el guion y cancelar la siguiente interpretación. Absorberlo todo —las personas, las conversaciones, los dramas— y disfrutar de la vivencia por lo que es. Participa activamente en tus historias. Los buenos actores se sumergen en la *acción* que se desarrolla, aunque tengan que recitar un diálogo extenso. Quizá las circunstancias de una obra de teatro o de una película no se puedan cambiar, pero un actor tiene que reunir la fuerza para responder a ellas. Y tú también.

Todos queremos que nuestros momentos cuenten. También queremos beneficiarnos de la plena atención de alguien, aunque sea por poco tiempo. Y además deseamos estar más atentos y centrarnos en una sola cosa cada vez. La mayoría queremos pasar a la acción y no quedarnos solo en la teoría, y para actuar tenemos que usar nuestra fuerza de voluntad.

Te recuerdo que tu fuerza de voluntad es increíble. Es tu superpoder. Sí, tienes la responsabilidad de usarla sensatamente, pero quizá te hayas olvidado de hacerlo. Al igual que algunos actores dejan que los eclipsen, a menudo dejamos que alguien con una gran fuerza de voluntad nos controle. Nos da pereza actuar. Dejamos que otro tome las decisiones artísticas por nosotros e incluso que se ocupe de nuestra obra de teatro. Le cedemos nuestra fuerza de voluntad.

Te dejo con los siguientes ejercicios: emplea tu fuerza de voluntad. Siente su poder y dirígelo. Transforma la energía en algo tangible. Transforma «nada» en algo maravilloso. Tu fuerza de voluntad es tu poder. Dirígela con alegría.

Dia 4:
El escenario

«El mundo es un escenario, hombres y
mujeres son meros actores. Tienen sus
salidas y sus entradas, y un hombre puede
representar muchos papeles...»

–Shakespeare

¡Qué alentador verte de nuevo listo para descubrir más misterios! Fíjate en que has empleado tu fuerza de voluntad para seguir con esta clase. Estás *deseoso* de aprender más, de descubrir más cosas y de hacer un buen uso de tu curiosidad. Veamos adónde nos lleva tu fuerza de voluntad y la mía.

Shakespeare afirmaba con estas palabras tan maravillosas lo que la mayoría ya sabemos: interpretamos los papeles que los demás esperan que interpretemos. Tal como lo describió, empezamos la vida siendo bebés y más tarde somos chiquillos quejumbrosos yendo con desgana a la escuela. Con el paso del tiempo nos convertimos en amantes suspirantes, en soldados y en miembros respetables de la sociedad. Y finalmente envejecemos. Llegamos al ocaso de la vida siendo tan frágiles como cuando vinimos a este mundo, desvalidos y desconcertados. Todos compartimos «esta extraña historia de acontecimientos», interpretando cada papel con nuestro propio estilo y saliendo al escenario que elegimos. Lo cual nos lleva al siguiente tema: el escenario.

El escenario es el entorno natural de cualquier actor. Hoy te lo imaginarás más grande que el espacio que un actor puede cubrir dando varias zancadas. Para ti y para el resto de la humanidad el espacio del escenario contiene toda la Tierra a lo largo y a lo ancho. Y tu interpretación se refiere a las decisiones artísticas que has estado tomando desde que llegaste al mundo.

Este planeta es el escenario al que saliste hace varias décadas. Los acontecimientos de tu vida quizá te parezcan vagos ahora, pero hoy tendrás la oportunidad de recordarlos. Verás cómo tu pasado te ha llevado a este momento en que te encuentras. Al recordar dónde has estado, puedes planear todos tus viajes futuros deliberadamente.

La cartografía cambió el destino humano y este ejercicio puede también cambiar el tuyo. Imagínate que viajas a través de tu vida —por tu historia de las elecciones que hiciste y las decisiones que tomaste— como si fuera una hoja de ruta. Velo como un itinerario en concreto que se inicia con tu nacimiento físico. Es un camino largo y serpenteante, pero en cuanto lo inicias es fácil de imaginar.

Es probable que en alguna ocasión hayas desayunado en un restaurante de carretera donde te ofrecieron el menú, cubiertos, y un mantel con juegos y rompecabezas infantiles impresos en él. Uno de los rompecabezas es un laberinto sencillo. Para resolverlo, tienes que trazar una línea desde la entrada del laberinto hasta llegar a la salida del extremo opuesto. Incluso rompecabezas pequeños como este pueden suponer todo un reto. Algunos caminos se acaban enseguida. Otros regresan serpenteando al lugar donde empezaron o se conectan con otros sin llevar a ninguna parte. Solo un camino conduce a la salida del laberinto.

El viaje de tu vida es mucho más elaborado que un rompecabezas infantil, pero se compone de giros y vueltas parecidos. Así que adelante: imagínate tu vida dibujada en una hoja de papel. Imagínatela como un laberinto. Fíjate en los callejones sin salida y las callejuelas serpenteantes; es decir, los resultados de tus elecciones menos exitosas. Recuerda los tramos en los que todo parecía ir sobre ruedas. Crea un rompecabezas tan complicado como la trayectoria de tu vida, pero recuerda que solo tiene una entrada y una salida.

El laberinto

Tu laberinto empieza cuando saliste del seno materno. Se compone de las decisiones tomadas por otros por ti hasta que fuiste lo bastante mayor para tomarlas tú mismo. Seguiste adelante. Hubo caminos que deseaste no haberlos tomado nunca y caminos que tomaste sin sentir dudas ni remordimientos. De todos modos, fuiste avanzando.

Seguiste el mapa de carreteras de otro o el tuyo, trastabillando por una serie de giros fortuitos. De cualquier modo, seguiste avanzando. Como un turista disfrutando de las fotos de las vacaciones, puedes ahora ver dónde estuviste en aquel tiempo y lo mucho que te divertiste.

Si proyectas el curso de tu vida como una línea recta, el camino que tomaste te será incluso más fácil de rastrear. Intenta hacerlo, imagínate el laberinto como una autopista que cruza el mapa de un lado a otro. Sigue el camino de tu vida. Hazlo esta noche: traza una línea recta en una hoja de papel. El inicio de la línea marca tu nacimiento, y el final, el momento presente.

Traza pequeñas x para indicar los acontecimientos más importantes de tu vida y a continuación etiquétalos. Marca también los menos significativos. Quizá hayan sido momentos decisivos que cambiaron el reparto de personajes que interpretabas o tu motivación. Esos momentos «menos importantes» tal vez incluso te hayan salvado la vida y alargado tu estancia en el laberinto.

Observa dónde te ha llevado cada decisión tuya. Ahora las ves con claridad, aunque no estuvieran claras en el pasado. Fíjate en los distintos caminos que podías haber seguido en las encrucijadas, pero que no tomaste. Observa dónde podías haber cambiado de dirección o haber vuelto sobre tus pasos. Recuerda las pasiones que te empujaron a avanzar con más rapidez o a ir más despacio. Recuerda a las personas que te convencieron para que te quedaras en un lugar. Marca los momentos en que te distrajiste y te entretuviste demasiado. Ninguna decisión tuya fue mala, todas te ofrecieron alguna información útil que deseabas años atrás.

Vuelve ahora a dibujar tu vida como un laberinto. Incluye los mismos detalles. Ofrécele la atención que se merece. Incluso puedes crear una narrativa para complementarlo. Estás acostumbrado a contarte tu historia a retazos, y este ejercicio te permite hablar de ella desde el principio hasta el final. Suavizar las partes emocionales más duras y curar las heridas abiertas.

Cada episodio forma parte de un complicado rompecabezas o tapiz que convierten tu vida en un logro único. Trabaja las situaciones que supusieron una prueba emocional para ti. Haz las paces con antiguas heridas. Perdona a los que te hirieron. Y perdónate también a ti. Te animo a hacerlo. Analiza luego lo que has dibujado.

¿Qué has descubierto? ¿Ha cambiado este proceso tu perspectiva? Es extraño tomar una clase sobre tu propia historia. Lo sé. No es fácil examinar tu vida objetivamente. Ahora ya conoces el tema bien, pero probablemente no has abordado tu existencia desde el punto de vista de un artista consumado. Hazlo ahora. Admira desde una cierta distancia tus esfuerzos. Como un pintor dejando el pincel, déjate sorprender por tu creación.

La película de una vida

Ahora, si no te importa, cambiaré ligeramente la metáfora. Imagina que esta línea trazada en una hoja de papel es una cinta de celuloide con las imágenes de los episodios más importantes de tu vida. Es como las escenas de una película. La historia arranca dramáticamente con tu imagen de recién nacido luchando por aspirar una bocanada de aire al llegar al mundo. Este acto tan sencillo te catapultó al sueño de la humanidad, donde tus talentos determinarían tu capacidad para sobrevivir y progresar. ¡Qué película de suspense más fascinante!

Mira la película entera. Observa con más detenimiento algunas de las escenas principales. Puedes saltarte algunas partes o ver a cámara lenta otras. O centrarte en un recuerdo que parezca poco importante o en otro que cambió el rumbo de los acontecimientos. No temas mirar esta película de tu vida. No es más que un ejercicio.

Observar detenidamente tu vida no debería hacerte sentir remordimientos. Sí, es tu saga, pero está llena de diversión y repleta de escenas de acción, como cualquier película. Es una comedia disparatada, una tragedia, un relato con moraleja. Disfruta de todo su contenido. No dejes que los recuerdos desagradables te perturben. Los momentos maravillosos que han quedado atrás no deberían entristecerte. Solo estás analizando el rompecabezas impreso en un mantel. Te estás imaginando una película y reflexionas sobre el rumbo que tomará tu vida en el futuro.

También puedes ver esta película como si fuera la vida de otra persona documentada en un filme; es decir, otra vida con otro actor. Aprecia los cambios de humor del protagonista. Siéntete cómodo tanto con la locura como con la monotonía. En la película se cometieron errores y se rompieron promesas, y los desengaños amorosos llegaron y se fueron. Intenta entender cada secuencia desde tu perspectiva presente. Y sobre todo sé comprensivo con el protagonista.

¿Te preguntas cómo los demás verían la película de tu vida, aquellos que conociste y amaste? Probablemente verían al protagonista de distinta manera que tú. Y también desearían verse en la película. Esperarían destacar en el guion. Si fueras al cine de al lado donde proyectaran la película de alguien a quien conocieras, tú también harías lo mismo.

«¿Dónde encajo en esta narrativa?», te preguntarías. «¿Hasta qué punto soy necesario en la trama? ¿Le soy o no valioso al héroe de la película?» No eres el protagonista de ninguna película sobre otro, solo lo eres de la tuya, pero quieres interpretar un papel importante en la suya. Quieres que confirmen tu importancia. Prefieres que el público te eche de menos cuando sales de una escena.

Somos un elenco ambulante de actores y artistas moviéndonos por un escenario gigantesco. Deambulamos arrastrando los pies o avanzamos con solemne determinación por las tablas, pero todos nos alejamos incesantemente de las luces y del marco. Sabemos que el laberinto tiene una única salida, pero ignoramos cuándo la descubriremos. Y todos dejaremos, como es natural, un legado. Será la colección de imágenes recordadas que dejaremos atrás.

¿Qué aspecto tendrás en esas imágenes? ¿Dejarás unos recuerdos inspiradores y reconfortantes de ti? ¿Habrás amado generosamente? ¿Te habrás atrevido a abrirte al amor? Todavía sigues tu viaje y estás conociendo por el camino a más artistas que recordarán siempre la impresión que les causaste. Por más joven o mayor que seas, depende de ti el legado que dejes y perdurará hasta que todos los que te hayan conocido abandonen este mundo.

Durante el tiempo que llevas en el escenario algunos artistas compañeros tuyos te han demostrado su amor y su apoyo. Y tú también se los has demostrado a ellos. Dependes de otros para recibir información sobre ti. Quizá no coincidas con sus apreciaciones, pero verte reflejado en ojos ajenos te ofrece un caudal de información. Te cuenta muchas cosas sobre esas personas. Tal vez te cuente cosas que ignorabas de ti. Y también te cuenta cómo te relacionas con los que te rodean.

Un reflejo claro es aquel que te llega sin prejuicios ni juicios. Cuando te ves reflejado en los ojos de alguien que de verdad te ama, te inspira a ser más generoso con tu amor. Y también a amarte más. Los buenos reflejos y las respuestas positivas de los demás te animan a ser el mejor artista posible. En realidad, los reflejos que te devuelve la gente tal vez sean la parte más fascinante del sueño humano. Echémosle un vistazo a los misterios de los reflejos.

El camino bordeado de espejos

Cada vida es una experiencia solitaria, por más compañeros que lleguen y se vayan. Imaginémonos el laberinto de nuevo. Lo estás recorriendo a solas, pero tu camino no es el único que hay en él. El mundo entero es un laberinto. Dentro del laberinto cada persona sigue su propio camino. En el mismo mundo cada uno vivimos una distinta realidad, pero todas son paralelas y afectan a la vida de los demás.

Tus padres emprendieron su propio viaje tomando distintas decisiones por distintas razones. Tus hermanos, tus hermanas y tus amigos de la infancia también tomaron su propio camino. Tus profesores siguieron distintas trayectorias vitales que llevaban a la línea de llegada. Su viaje, como el tuyo, fue trazado a su vez por quienes les instruyeron. Sin duda, otras personas dibujaron su propia versión del mapa, pero decidieron improvisar entre la entrada y la salida. Trazaron su propio camino. Tú también lo hiciste y lo seguirás haciendo mientras dure tu viaje.

¿Y cuánto tiempo durará? Algunas vidas duran casi un siglo o más tiempo todavía. Otras son como un suspiro. Mientras la mayoría serpenteamos por el laberinto, algunos queridos amigos ya lo han dejado. Cada vida trata de resolver misterios y existen innumerables formas de descubrirlos. Vamos directos al lugar que atrae nuestra atención. Corremos allí donde nos empujan las emociones. Nos dirigimos allí donde nos llevan nuestros intereses y nuestra curiosidad, al lado de compañeros que nos ayudan en el viaje.

Cada persona con la que te encuentras tiene una imagen de ti. Todo el mundo te refleja de vuelta esa imagen. Es decir, cada persona es un espejo. Los caminos de tu laberinto están bordeados de espejos. Al contemplar tu vida de este modo puedes ver las clases de personas que te han atraído y quizá también por qué te atraían ciertos reflejos que te devolvían los espejos y por qué rechazabas otros. Al observar con detenimiento tus amistades y tus aventuras amorosas, puedes ver patrones que no habías reconocido hasta ahora.

Estoy seguro de que has visitado laberintos formados por vegetación. Son puzles gigantescos al aire libre donde grandes muros de setos esconden un sistema de caminos entrecruzados. Es fácil perderte en un laberinto, pero esto forma parte de la emoción. Cuando lo recorres con tu pareja te sientes feliz y te alegras de perderte en él. Podéis entreteneros, esconderos del mundo y disfrutar juntos de un momento tranquilo. Todos los caminos acaban llevando a una salida, pero una vez dentro es imposible saber dónde está.

Imagínate que tu laberinto está bordeado de espejos en lugar de componerse de frondosos muros de cipreses y setos. Deambulas por un mundo que te muestra imágenes variadas de ti. Dondequiera que vayas, te encuentras con un nuevo reflejo. Tú también eres un espejo para cualquier persona con la que te cruces. Pero no puedes reflejarte con claridad a ti mismo. Ni tampoco verte realmente en acción, por eso dependes de los demás para ver tu reflejo. Y ellos dependen de ti a su vez para ver el suyo.

La gente te ve a través de sus propios lentes. Sus opiniones sobre ti dependen de sus suposiciones y sus expectativas. Como ya te has hecho con firmeza una imagen de ti en tu mente, cualquier reflejo que la contradiga te sorprende e incluso te perturba. Algunos reflejos no te representan en lo más mínimo.

Cuando la vida es una sala de espejos, ¿cómo puedes distinguir los espejos que reflejan la verdad? O para ser más exactos, ¿por qué tendrías que confiar en alguno? ¿Por qué la opinión ajena tendría que importarte tanto?

Todos queremos encontrarnos con alguien que confirme la mejor imagen que nos hacemos de nosotros mismos, pero la gente nos juzga en un abrir y cerrar de ojos. Se llevan una impresión de nosotros en cuanto nos conocen. Incluso deciden quiénes somos antes de conocernos. Es muy inusual encontrarnos con alguien que realmente nos mire, escuche y vea. Si alguien ama lo que ve en ti, habrás encontrado un gran espejo. Y lo mismo le ocurre a la otra persona cuando le muestras respeto y admiración, se siente atraída por ti de manera natural. Quiere ver ese reflejo una y otra vez.

Amar a un hijo con toda el alma debería ser un instinto parental, pero en ocasiones los niños tienen que esperar a encontrar un amor de verdad más tarde en la vida. Tienen que esperar a que alguien les aprecie sin albergar prejuicios ni expectativas, alguien que les admire tal como son.

En el fondo, depende de cada uno de nosotros amarnos como somos. Depende de ti y de mí. El amor y el respeto que te tienes determinan cómo los demás se ven a través de ti. Hablemos más de ello. Veamos cómo puedes crear un arte de gran calidad a través de reflejos claros y positivos.

Alicia a través del espejo

Los artistas profesionales reflejan la condición humana. Imitan la vida. Reflejan la sociedad. Los principiantes también hacemos lo mismo. Reflejamos el pensamiento popular. Reflejamos las tendencias actuales. Nos reflejamos los unos a los otros a través de nuestros gustos relacionados con la moda y nuestras ideologías. Es fácil entender cómo los reflejos se mezclan y distorsionan.

Nuestra forma de reflejarnos los unos a los otros influye en la calidad de nuestro trabajo como artistas. Afecta nuestras relaciones y nuestro estilo de vida. ¿Eres consciente de la clase de reflejo que hace que alguien te atraiga? Por ejemplo, no siempre te atraen las personas buenas o comprensivas. Quizá te hayan atraído personas criticonas y de vez en cuando crueles. Quizá te sientes más cómodo si te acosan que si te miman. A lo mejor crees que te mereces un tirano en tu vida en lugar de un colaborador.

Tal vez anheles ofrecer un reflejo tan perfecto de ti que constantemente estás distorsionando tu propia imagen. Algunas personas quieren recibir afecto ante todo, aunque esto signifique fingir ser alguien que no son. Si solo ves tu propia valía a través de los ojos de otra persona, estarás convencido de no poder vivir sin ella. Quizá nunca llegues a descubrirte a ti.

Por otro lado, si te ofrecieras el amor que anhelas, no estarías tan desesperado por encontrar a alguien. Si te respetaras por completo, serías inmune a la manipulación. ¿Hasta dónde estás dispuesto a llegar por unas migajas de afecto? ¿Qué harías, incluso ahora, por recibir un pequeño halago?

¿Cuántas veces has infravalorado tu propia valía para encajar o atraer a seguidores? Solo tú puedes responder a esta clase de preguntas. Nadie más puede esclarecer el misterio de tu ser. Nadie más puede satisfacer tus necesidades más profundas. Como ya habrás advertido, los otros espejos también tienen sus propias necesidades.

Quizás eres consciente de que la fuerza de voluntad de algunos espejos es más poderosa que la tuya. Algunos te atraen a su mundo con tanto vigor que no te preocupas por nada más. Te interesan más sus dramas que el tuyo. Los tratas como si fueran los protagonistas de tu historia. Intentas vivir su vida. Como la mítica Alicia, te dejas arrastrar por un atractivo espejo que te cautiva, y podrías quedarte ahí indefinidamente.

Es posible que ya lo hayas hecho, has intentado realizar el viaje de otro. Has adoptado las costumbres de otra persona y celebrado sus mejores recuerdos. Has reflejado sus intereses y actividades. Pero al final verás que no estás viviendo tu propia vida. Te descubrirás haciendo cosas que no quieres hacer. Tu encaprichamiento con algunos espejos puede llevarte a la obsesión, y la obsesión te lleva por un camino sinuoso que no conduce a ninguna parte.

Por «ninguna parte» me refiero a la autodestrucción o a la destrucción de un sueño. Sí, los artistas quieren sentirse inspirados, pero la inspiración lleva a la creatividad, al contrario de la obsesión. Lo más probable es que la obsesión destruya tu creación. Toma una cierta distancia de vez en cuando y advierte dónde estás. Observa adónde te ha arrastrado tu atención. ¿Te ha llevado donde querías o estás ahora dedicado a una cosa a expensas de las otras?

Te sugiero que recurras a la perspectiva. Ve el mundo con la mirada de un artista. Reconoce la belleza en ti y haz todo lo posible por expresarla en tu vida. El gran arte no tiene por qué ser más complicado que esto. Probablemente habrás oído a algún artista afirmar que es necesario sufrir para crear. Como muchos artistas legendarios vivieron situaciones de pobreza y rechazo, se supone que el sufrimiento es una parte indispensable del proceso creativo.

El sufrimiento es un tema recurrente en la historia de muchas personas. Todos somos un poco adictos a él, y lo justificamos con un sinfín de excusas. Afirmamos que nos merecemos sufrir. Sufrimos cuando nos malinterpretan. Sufrimos por una razón. Sufrimos por razones nobles. Sufrimos por amor. Sufrimos por el arte.

«Un gran arte requiere un gran sufrimiento» es una suposición universal, pero ¿por qué tendría que ser cierto? Sí, en el mundo hay un sufrimiento real. El dolor físico y las carencias existen. La mayoría de la gente lucha para ganarse la vida y sacar adelante a su familia. Lucha para asegurarse el futuro, para encontrar una vivienda y un trabajo. Otros luchan para sacar a la luz misterios. Todos conocemos de primera mano las luchas de la vida, pero no es una excusa para sufrir.

Cualquier empresario tiene que luchar para que su negocio prospere. Los pintores, los poetas, los músicos y los actores luchan para ser reconocidos y soportan situaciones inimaginables mientras lo intentan. Los bailarines y los atletas experimentan el dolor de las lesiones y los fracasos. No son los únicos en su frustración creativa. A ti también te ocurre, pero contarte una historia sobre tu gran sufrimiento no hace que tu frustración desaparezca. Tú, el artista, eres responsable de las historias que te cuentas en tu cabeza y del ambiente que creas. Eres responsable de tu felicidad y de tu realización artística.

Tómate las acciones creativas como un remedio para la frustración. Cuéntate una historia mejor. Préstale atención a tu cuerpo, el instrumento de tu arte, y haz todo lo posible para curar una mente en conflicto consigo misma. Ve con claridad y ama generosamente mientras recorres este laberinto lleno de espejos.

Reflejos sobre el amor

La mayoría de artistas se atreven a revelarse a los demás. ¿Te atreves tú? ¿Puedes ponerte bajo los potentes focos sintiendo (o no) el miedo al rechazo? ¿Confías en que la vida no te juzgará o abandonará? Ten en cuenta que la gente juzga a los demás, pero la vida no lo hace.

Es posible mirarte en un espejo defectuoso y seguir confiando en ti. No te desanimes si un espejo te devuelve una imagen distorsionada de ti. Ningún espejo te refleja del todo o con absoluta nitidez. Pero cada espejo te dice algo.

Quizá te enojes con alguien por no saber ver lo mejor en ti. O te pongas a la defensiva, pero un mal espejo también puede enseñarte algo. Sean claros, turbios o distorsionados, todos los reflejos te dan una información. Y cuanta más información obtengas, con más claridad verás. Sé escéptico sobre la información recibida, pero escucha de todos modos. Escucha sin juzgar y aprende.

Sin espejos tú y yo seríamos como la mayor parte de otros animales. Nos faltaría la información necesaria para evolucionar. Nos perderíamos revelaciones importantes incluso de los peores reflejos. Al mismo tiempo, somos más de lo que cualquier espejo nos muestra. Somos más de lo que vemos y pensamos. Todo cambia cuando deseamos explorar la misteriosa verdad de nuestro ser.

Es entonces cuando el amor entra en escena. El amor no es ciego para nada, sino que percibe la verdad. Lo entendías en la niñez y puedes aprenderlo de nuevo ahora. Hay personas en tu vida que necesitan el mejor reflejo que les puedas ofrecer. En lugar de mostrarles tu decepción, muéstrales tu admiración. Reafírmales. Apláudeles. Hazlo con todo el mundo y no solo con tus seres queridos. Cada persona se merece recibir un claro reflejo de alguien motivado por el amor.

Tu viaje por el laberinto continúa. Da giros y vueltas, y te ofrece innumerables imágenes de espejos por el camino. Tu forma de responder a los reflejos que ves depende de cómo te amas y de lo valiente que seas al amar a los demás, sea lo que sea lo que te reflejen.

Cuando éramos bebés nos mirábamos en espejos claros y brillantes. La sonrisa de mamá nos decía que éramos preciosos. La fuerza de papá nos aseguraba que no había nada que temer. Cada uno nos reflejaba una imagen maravillosa. Las brisas del verano nos traían las maravillas de la vida a los sentidos. Todos hemos sido niños mirándonos asombrados en un espejo, pero con los años hemos empezado a fijarnos en las imágenes distorsionadas. Hasta que al final dejamos de querernos a nosotros mismos. Empezamos a dudar de ser incluso capaces de amar.

Cuando te miras al espejo probablemente solo ves lo que deseas o esperas ver, o lo que más te desagrada. También ves así a los demás. En tal caso ¿estás viendo de verdad? La mayoría apenas somos conscientes de lo que está pasando hasta que la vida nos despierta de golpe con una situación impactante. Mientras tanto, estamos ciegos a la belleza y poco preparados para conocer la verdad.

Los reflejos no son aquello que reflejan. La verdad sobre ti no ha estado nunca en el cristal de un espejo. *La verdad es tu cuerpo cálido.* Creo que ahora lo entiendes. Eres un ser humano que vive y respira. Tú eres real, pero esta realidad se pierde en el reflejo. Si lo habías olvidado, dedica varios minutos a recordártelo. Siéntate delante de un espejo de cuerpo entero. Contempla toda la escena: a ti, la habitación donde te encuentras, los colores y las formas… como si fuera una reproducción visual de lo que es real. Ves toda esta escena porque la luz se proyecta sobre el espejo, pero la imagen que ves reflejada en él no es real.

Cierra los ojos y siente la verdad. Siéntete a ti, el que está siendo reflejado. Siente la vida palpitando en tus venas. Siente tu respiración y los latidos de tu corazón. Siente tu calor vital y la corriente eléctrica que circula por tu cuerpo. Tú eres vida.

La vida no cesa de crear más vida. Lo hace sin darse importancia y sin contarse historias personales. Haz lo mismo tú también. Puedes existir sin las historias que te cuentas en tu cabeza. Sé auténtico contigo mismo sin explicaciones ni excusas. Ama sin poner condiciones y sin dudar.

No esperes inmóvil a que alguien te estimule. Ponte en acción. No dejes de doblar esquinas. Sigue descubriendo y madurando. Establece los cimientos para algo nuevo. Tu tiempo en el laberinto es mágico, solo tienes que abrir los ojos y *verlo*.

¿Por qué importa todo esto?

¿Por qué es útil ver tu vida como un laberinto lleno de calles y callejuelas? Tu futuro depende de las decisiones que tomes: de si doblas a la derecha o a la izquierda, o de si sigues recto. Quizá decidas también entretenerte un rato o volver atrás. Es interesante ver cómo tomaste estas decisiones en el pasado. Es útil ver cómo tus decisiones te llevaron a donde ahora estás. Es importante ver cómo puedes seguir adelante, ahora que conoces tus motivaciones y deseas cambiarlas.

Deja entrar un poco de luz. La luz refleja las imágenes de una persona a otra y a la inversa. Al ver que los espejos no son más que espejos, responderás a ellos con más sensatez. Estoy hablando de seres humanos, o sea que detrás del «espejo» hay una mente. La mente tiende a mezclar información. Extrae conclusiones, imagina y supone. Y las suposiciones, como bien sabes, lo complican todo.

Ser consciente es la capacidad de verlo todo objetivamente sin juzgar ni suponer nada. Cada mente envuelve un poco la verdad, de modo que no te tomes las opiniones de los demás tan a pecho. Cuando evalúas tu conducta honestamente, eres más generoso con tus suposiciones sobre la gente. Los actores estudian a sus personajes con objetividad e imparcialidad. Así es también cómo tú puedes analizarte. De esta manera fomentarás tus auténticas cualidades.

Piensa en el escenario que has creado. Quizá podrías cambiar un poco el decorado. No me refiero a decidir dónde pondrás los muebles, sino al ambiente. Te estoy preguntando si estás diseñando un cielo o un infierno para ti. Cielo. Infierno. Veamos un poco el tema para entender las diferencias.

El cielo es, por supuesto, un estado mental. Cuando creamos una realidad en la que nuestra conducta se rige por el respeto, estamos en el cielo. Yo respeto a quienes me rodean. Respeto todo aquello con lo que me encuentro y te respeto a ti aunque no te conozca personalmente. Pongamos que tú también me respetas a mí y a todas las otras personas de tu historia. En este caso, todo irá bien entre nosotros, porque nos respetamos sin tener que coincidir en todo. Eso es el cielo.

El infierno es muy distinto. Está regido por el miedo. La vida puede ser intolerable cuando dejamos que el miedo cree el ambiente. Si nuestro impulso natural no es el de respetarnos, nos juzgaremos unos a otros. Nos acusaremos y tendremos miedo unos de otros. El cielo y el infierno son metáforas, pero la infelicidad que producimos no lo es. Vivir un infierno es una experiencia real. El respeto es lo que nos permite evitar el tremendo sufrimiento que causa.

Respétate a ti y deja que el respeto brille en el mundo. Deja que afecte a todo aquello con lo que entras en contacto y que te llegue reflejado de vuelta. Se consciente de cómo el respeto transforma tu realidad. Cobrar conciencia de ello propicia la evolución. ¿Cómo evolucionas? Ahora te atreves a ver lo que antes no veías. Te abres a la información luminosa. Te estás acercando más a reflejar la verdad, y la verdad te lleva al cielo, aunque estés en la Tierra.

¿Qué más puedo hacer?

Todos los artistas experimentan la tensión de no saber qué les deparará el futuro o de si serán requeridos de nuevo. Nunca creemos haber hecho lo bastante, haber triunfado sin cortapisas o haber impresionado a suficiente gente. Nuestra preocupación es siempre «¿puedo hacer más de lo que estoy haciendo?»

Ahora eres otra clase de estudiante. En esta escuela en particular estás explorando misterios más profundos. Te apetece la verdad. Aspiras a ser un espejo claro. Te animo a hacerte preguntas. Sopesa las respuestas con detenimiento. Escucha todas las versiones de una historia antes de compartir tus opiniones y respeta todos los puntos de vista. Quizá te consideraste en el pasado víctima de la vida, pero ahora eres su cómplice.

¿Y cómo empezó esta estrecha colaboración? Nos confabulamos con la vida cuando somos conscientes y nos adaptamos a sus cambios. Somos socios de la vida cuando nos abrimos a una información nueva, en lugar de cerrarnos y ponernos a la defensiva. Nos aliamos con la vida cuando somos sinceros con nosotros mismos. Al negar lo evidente, lo más probable es que tengamos que enfrentarnos a las consecuencias. Cuando nos mentimos a nosotros mismos, sufrimos al cabo de poco.

Ser *impecable* significa estar libre de pecados. Para ti, el artista, es un pecado ir en tu contra. Es un pecado no respetar tu arte. Imagínate que eres *impecable:* ¿qué aspecto tendrías y cómo hablarías? ¿Cómo te moverías por el mundo?

Imagínate diciendo lo que quieres decir y haciendo lo que dices. Imagínate que eres alguien que nunca supone nada, sino que pregunta y después evalúa. Imagínate que escuchas las críticas sin reaccionar poniéndote a la defensiva. Imagínate dando lo mejor de ti y que tus mejores esfuerzos evolucionan con el tiempo. Si puedes imaginarte respondiendo de esta forma a las situaciones de la vida cotidiana, estás listo para aplicar estas lecciones:

1) Sé impecable con tus palabras y actos.
2) No te tomes nada personalmente.
3) No hagas suposiciones.
4) Haz siempre lo máximo que puedas.

Estas lecciones son herramientas esenciales para un artista de la vida. Hoy es un buen día para perfeccionar tus habilidades. Quizá creas que no eres lo bastante valiente o lo bastante creativo, pero el dominio de cualquier habilidad empieza con pequeños intentos. Empieza haciendo algo lo mejor posible a cada momento. Practica. Ensaya. Comprométete apasionadamente con tu oficio.

Bajo cualquier clase de presión volvemos a la más pequeña definición de nosotros mismos. Volvemos a encarnar al personaje que huye despavorido, el victimizado, o incluso el acosador. Es importante reconocer en qué sentido te identificas con los papeles y las reacciones de los que dependías en el pasado. Es importante verlo y desear cambiar.

Ahora no es el momento de volver a la versión más pequeña de ti. Es el momento de salir a la luz, de ver lo que haces y de rehacerlo. Observa cómo tus emociones surgen para respaldar tu historia antigua. Cambia de emoción, altera la narrativa. Ríe. Respira. Dale las gracias a la vida por recordarte que eres mucho más que la definición que cualquiera haga de ti.

Día 5:
Cae
el telón

«Tenemos un sentido directo de la vida.
Cuando lo adquieras, dejarás a un lado tus
espejos y estatuas, tus juguetes y muñecas.»

–George Bernard Shaw

No es ningún secreto que todos queremos conocer un secreto. Todos buceamos en un mar de misterios en busca de
respuestas. Más que nada, queremos saber quiénes somos,
sin embargo esta es la pregunta que más nos intimida.

¿Quién soy *yo?* Quizá te lo hayas preguntado alguna vez.
Bueno, al menos sabes lo que no eres. No eres los papeles
que interpretas. No eres tu reputación ni tampoco las críticas que recibes. Tal vez tu propia valía haya dependido siempre de los elogios. La has falseado. Has sobreactuado. Te
encantaba el espectáculo, pero siempre que tuviste la oportunidad de abandonar el escenario, te sentiste aliviado, ¿no
es así? El drama te parecía un poco demasiado intenso. Daba
la sensación de ser un tanto demencial. Parecía poco natural.

La mayor parte de tu conducta parece desmesurada
cuando la ves desde otra perspectiva. Si resumes tu historia
en una hoja de papel, descubrirás que el papel que interpre-
taste te llevó a una crisis una y otra vez. Puedes recordar los
momentos en que te sentiste totalmente perdido, o cuando

le fallaste a tu equipo. Obsérvate cuidadosamente. Quizá supusiste demasiadas cosas y calculaste mal. Fuiste contra ti a menudo, pero también hubo momentos en los que conservaste tu integridad. Hubo momentos en los que estuviste formidable.

Deja que tus sentidos sientan lo que no puedes explicar. Las apariencias engañan. Tú eres muchas cosas a la vez. Te has topado con una gran variedad de limitaciones autoimpuestas y de posibilidades increíbles. Y sobre todo eres por lo visto tu secreto mejor guardado. La verdad es mucho más sencilla que todo esto como has descubierto esta semana.

Deseas entender el misterio, pero te da miedo observarlo demasiado cerca. ¿Qué es real? Te preguntas. Te preocupa haber depositado demasiada fe en cosas que no son reales. La realidad es tu misterio para resolver. Es necesario plantearse preguntas y analizar. Los obstáculos tienen que afrontarse y superarse. Nos esperan más misterios para resolver.

Por ejemplo, nos quedan aún más cosas por descubrir sobre el amor. ¿Qué es el amor? Nos lo preguntamos a menudo. Tú te lo preguntaste, escuchaste, cambiaste tu percepción del amor y descubriste que el amor era más de lo que te habías imaginado. Lejos de ser simplemente una emoción antojadiza, el amor es la totalidad de todas las emociones. Lejos de ser una debilidad, el amor es la energía que te permitió nacer y que aún sigue empujándote para que evoluciones.

Cada generación descubre nuevas respuestas a las preguntas ancestrales. Algunas generaciones vuelven a descubrir las respuestas perdidas u olvidadas. La resolución de un misterio abre la puerta para descubrir muchos, muchísimos más. Descorre la cortina e inunda de luz los lugares oscuros hasta descubrir el último misterio que se encuentra más allá del laberinto.

Abandonar el escenario (o hacer mutis por el foro)

Quizá hasta ahora nunca hayas visto tu mundo como un escenario. Tal vez no hayas considerados tus acciones y reacciones como una representación. Sin embargo, este modo de verlo te permite elegir los papeles e interpretarlos con intención. Al ser consciente de ello tienes opciones. Puedes elegir los momentos en que no necesitas interpretar un papel en lo más mínimo.

En su lugar, puedes estar presente y ser espontáneo. Decidir escuchar, observar y prestar atención a lo que ocurre a tu alrededor. Y quizá por primera vez puedes examinar las cualidades que hacen que seas auténtico. Tus opciones cambian en cada situación, pero ser consciente te permite ser leal a ti mismo.

Algún día abandonarás el escenario. O lo que viene a ser lo mismo: hacer mutis por el foro. Todos lo haremos. Las luces se apagarán y la función habrá terminado. En una función profesional las luces del teatro se apagan en un determinado momento y los actores dejan sus personajes. Se despiden de la compañía y siguen con su vida. Cae el telón y todo el mundo —el elenco, el equipo de luz y sonido y los satisfechos patrocinadores— abandona el teatro para reanudar sus vidas.

Los finales ocurren en muchas ocasiones de nuestra vida, al igual que en el teatro. Cada función empieza con gran entusiasmo, pero después inevitablemente llega a su fin. Los decorados se desmontan, la utilería se retira y el vestuario se desecha. ¿Cómo te preparas para abandonar para siempre el escenario? ¿Cómo te dispones a afrontar el mayor misterio de todos que te aguarda fuera del laberinto?

En primer lugar quieres despertar de tu sueño, sí, el sueño. Una función de teatro es un sueño creado por los actores. Un viaje también es como un sueño. Te obliga a improvisar y a aprender distintas maneras de hacer las cosas.

Tu vida es un sueño que con frecuencia parece absurdo. La buena suerte puede agotarse en el momento menos pensado y los amigos pueden fallarte. La riqueza va y viene. A veces, las tragedias nos obligan a ser el héroe de nuestra propia historia.

Quizás este aspecto ya se te da de maravilla. Tal vez te consideras un soñador consumado. Los problemas no te perturban. Eres flexible y valiente ante los cambios de la vida. Das lo mejor de ti en todas las situaciones y tu conjunto de obras es admirable. A lo mejor ahora puedes ver tu vida de un modo que antes eras incapaz.

Por ejemplo, has estado participando activamente en tu historia observando, al mismo tiempo, la acción desde una cierta distancia. Has aprendido el arte de la perspectiva como un buen pintor. Te has sometido a una disciplina para tener una visión global de la situación y evitar perderte en los detalles. Ahora ves la vida en su totalidad, pero también puedes verte mientras estás inmerso en la actividad.

Tienes razón, tu perspectiva ha cambiado. Y quizás ahora también te apegas menos a los papeles que interpretas. Pero antes de que las luces se apaguen en esta sorprendente función, ponte el último reto como artista: salir del laberinto utilizando la imaginación. Al igual que esta te transportaba a otros mundos cuando eras pequeño, ahora también puede, en la adultez, sacarte del laberinto estando aún en él.

Mientras tu curiosidad sea intensa y tu voluntad fuerte, sigue expandiendo tu conciencia. Aprecia el valor de tus éxitos y fracasos y aprende a confiar en futuros resultados. Como ya sabes, cuando llegue la muerte dejarás de ser parte de la experiencia humana. Por eso es importante vivirla plenamente ahora, con los ojos abiertos y una mente dispuesta a interpretar su parte en ella.

La existencia del ser humano es una montaña rusa vertiginosa. No se compone nunca de una sola experiencia. Las intensidades cambian. Al igual que las pasiones. Nuestra vida puede ser aterradora y agotadora. Y también deliciosamente desconcertante, como suele ocurrir. Te animo a ver toda la experiencia humana. A disfrutar plenamente de la vivencia y a afrontar el último obstáculo cuando estés preparado.

El último juicio

Eres libre de ser auténtico cuando dejas de temer los juicios de los demás. ¿Y qué hay de los tuyos? Lo más probable es que te juzgues con más dureza que nadie. Lo seguirás haciendo hasta que venzas la tentación de juzgarte a ti.

Algún día dejarás de hacerlo. Formularás un último juicio y te estremecerás al oírlo en tu cabeza. Después de este episodio cualquier impulso de juzgarte te parecerá extraño e ingrato. Es importante prestar atención. Es importante cambiar tus historias en tu interior para transmitir respeto en el exterior. Es importante para ti. Es importante para el cuerpo físico que ocupas y para las personas que te toman como referencia para orientarse en la vida.

Para interpretar un papel fielmente los actores adoptan determinados puntos de vista. Se supone que los personajes de una obra de teatro han vivido vidas reales y que las historias de su pasado explican sus actos. La tarea de un actor es entender las susceptibilidades, los miedos secretos y la tendencia a juzgar de sus personajes.

Imagina que un personaje no emitiera juicios sobre nada. ¿Acaso no le parecería aburrido y tedioso a una audiencia? Tal vez. La mayoría de la gente afirmaría que los personajes con defectos son los más interesantes. Por ejemplo, los villanos son personajes atractivos. Al igual que las víctimas de por vida. Normalmente, lo que al público más le atrae es lo mejor y lo peor de los seres humanos. Pero tú y yo ya no estamos intentando entretener a los espectadores, ¿no es así?

¿Cómo te comportarías si ya no necesitaras complacer al público? ¿Y si no temieras que te juzgaran? Escucharías mejor, ¿no te parece? Te relajarías y observarías. Retrasarías tus reacciones y te centrarías en el momento. El tono de tu interpretación cambiaría por completo.

Los juicios son el villano de tu película privada. En cuanto los sacas del argumento puedes explorar una gran variedad de emociones humanas sin la presencia de dramas. Puedes sentir sin verte obligado a hacer sentir nada al público. Nadie tiene que reír o llorar. No es necesario que nadie vuelva a casa agitado o deprimido. Tu nombre no tiene por qué aparecer en los libros como «El mejor actor de todos los tiempos». Puedes ser recordado como alguien incluso más cautivador aun como alguien auténtico.

La interpretación profesional se da allí donde los mejores intentos de los aficionados fracasan. Los actores se las ingenian para captar momentos de verdad. A los profesionales les preocupa como es natural ganarse bien la vida, pero también desean ser íntegros en su profesión. Quieren sentirse orgullosos de sus interpretaciones. Desean que su arte los eleve. Como muchos de nosotros, quieren alcanzar una verdad divina.

El problema es que nos han animado a fijarnos en nuestros fallos. Nos distraemos con nuestras imperfecciones. Como actores que nos estábamos formando, nos juzgaron por nuestra apariencia. Por nuestro porte. Sacar buenas notas en la escuela y comportarnos adecuadamente en la sociedad era importante. Recibimos tantas críticas que naturalmente crecimos focalizándonos en nuestras imperfecciones.

A mi modo de ver, todo es perfecto tal como es. En realidad, tendríamos que desear desarrollarnos en lugar de crear una nueva versión de nosotros mismos. Nos hemos vuelto ciegos a la maravilla de quienes somos. Ten en cuenta que los artistas no buscan las imperfecciones, sino que les fascinan los personajes que interpretan. Están cautivados por la magia de la vida.

Volvamos por un momento a la metáfora de las películas. Imagina que estás en un cine a oscuras con un cubo de palomitas entre tus manos. Estás listo para dejarte transportar. La película empieza. Al instante te quedas deslumbrado por las imágenes que se proyectan ante tus ojos. La trama te atrapa enseguida.

Imagina ahora que hay una mancha de suciedad en la pantalla. En cuanto la ves ya no puedes ver nada más. Te molesta y no puedes despegar los ojos de la mancha. No puedes estar pendiente de los actores ni de la escena. Poco a poco, dejas de seguir el argumento y la historia ya no te cautiva emocionalmente. El placer en sí del cine es el de disfrutar de la película y olvidarte de tus obsesiones por un rato, pero ahora no te puedes sacar la mancha de la cabeza. Y encima te estás perdiendo la maravilla del momento. La magia del momento.

En alguna parte, más allá de donde nos alcanza la vista, una luz brilla a través de una cinta de celuloide. O a través de un prisma o de unos espejos diminutos. La tecnología cinematográfica ha ido cambiando y evolucionando a lo largo del tiempo, pero el principio es el mismo: la luz entra en contacto con la materia, la luz se refleja y la información lumínica se dispersa.

En el caso de una película, una serie de imágenes se aumentan y luego se proyectan en una pantalla. Vemos el resultado y lo reconocemos como un relato cinematográfico. Mientras lo vemos, la historia se convierte en nuestra realidad y respondemos a la película emocionalmente. Cuanto más creemos formar parte de la acción que se desarrolla en la pantalla, más nos involucramos emocionalmente en la trama.

Combinar todos estos elementos para crear un efecto tan poderoso refleja una genialidad portentosa, pero es un ejemplo perfecto del arte de duplicar el misterio de la vida. La luz brilla en la materia. La luz rebota en la materia. Lo que vemos desencadena ciertos sentimientos. La vida es un espectáculo luminoso extraordinario y cada uno lo vivimos de distinta manera.

Obsesionarnos con la mancha de suciedad en la pantalla es una elección. Nos fijamos en la mancha hasta que decidimos ensanchar nuestra visión y absorber toda la experiencia. Mientras tanto, la verdad resplandece detrás de la lente del proyector. La vida nos está esperando, nos llama.

No importa lo que hagan los demás. ¿Lo sientes? ¿Estás prestando atención?

La vida hace que todo sea posible. Tú también lo haces posible creando cosas con tu pura imaginación. La inspiración, esta energía misteriosa, te permite crear belleza de infinitas maneras. Te permite inspirar a los demás y compartir la pasión por lo que haces.

La humanidad puede ser tu lugar de juegos o tu mejor excusa para sufrir. El mundo está atrapado en sus propios dramas y no le presta atención a los tuyos. Tu familia te enseñó a amoldarte a las circunstancias, pero ahora puedes romper algunas de esas reglas. Puedes hacerte preguntas imposibles y enfrentarte a respuestas difíciles. Proponerte alcanzar la excelencia con un público o sin él y decidir por ti mismo qué te traerá la siguiente interpretación.

La fase siguiente

La interpretación actoral exige convicción y compromiso, al igual que le ocurre a un buen público. Cuando los actores no consiguen convencer al público con su historia, fracasan en su oficio. Y si los espectadores no están dispuestos a aceptar la premisa de un relato, por fantástico que sea, serán unos pésimos colaboradores. Pero ¿y si esta feliz confabulación estuviera motivada por el deseo mutuo de conocer la verdad?

Una mentira amena es estupenda para el teatro, pero no es buena en la vida cotidiana. El engaño cuesta de justificar o de defender. Los melodramas son agotadores. En una obra de teatro o en una película es emocionante imaginar brujas raptando a niños o alienígenas invadiendo nuestra galaxia. Es divertido creer en superhéroes que vigilan el cielo, pero no queremos vivir en un mundo basado en el miedo o en la fantasía.

La evolución consiste en crecer, en la adaptación, y tú tienes la capacidad de adaptarte. Puedes reflexionar sobre ti. Enfrentarte a miedos irracionales y hacerlos desaparecer. Imaginar escenas fantásticas sin depositar tu fe en las fabulaciones de tu mente. Admitir estar soñando y cambiar el sueño. Incluso puedes transformar al soñador.

Has imaginado tu camino como un paseo por un campus universitario, un lugar donde los misterios son debatidos y explorados. La vida en un campus es fácil. Los otros estudiantes están ahí para confiarte sus secretos, orientarte y llevarte al lugar donde estás destinado a llegar. La idea de la Tierra como un campus universitario es iluminadora. Te recuerda que estás aquí para aprender.

También te has imaginado que tu viaje tiene lugar en un escenario. Cualquier escenario puede ser intimidante, pero los otros actores también comparten tus miedos.

El actor

Siempre has sido un actor que ha estado estudiando en la misma escuela de teatro que el resto de la humanidad. Sabes que tus habilidades interpretativas te las enseñaron expertos. Ahora puedes decidir dónde te llevarán estas habilidades.

Y por último, te he pedido ver tu vida como un laberinto en el que el progreso cuesta de evaluar y donde la visión es limitada. En un laberinto vives con el estrés de no saber dónde estás o adónde vas. Un laberinto está lleno de falsos puntos de partida y de decepciones fortuitas. Estás rodeado de reflejos, pero no puedes confiar en que te muestren la verdad. Por eso tiene sentido alimentar un profundo amor por ti. El amor es esencial para apreciar la belleza de este lugar, y solo tienes esta vida para hacerlo.

La idea de avanzar por un laberinto es exactamente esto: una idea. Las nuevas ideas te ayudan a trascender tu forma actual de pensar. Esta idea en particular te ayuda a ver cómo te has estado moviendo por la vida, y cómo puedes avanzar con entusiasmo. En algunas ocasiones, no sabías por dónde ibas, y en otras, sí. A veces te has quedado paralizado de miedo o has sido lo bastante valiente para superar los traumas. La idea de un laberinto te recuerda que llegaste al mundo por *aquí* y que saldrás de él por *allí*. Depende de ti cómo recorres el espacio de entremedio.

Te he pedido que te imaginaras tu viaje por la vida de distintas formas: como un campus universitario, un escenario y un intrincado laberinto formado por vegetación. Cada una representa una imagen de tu vida. Te sitúa a un distinto nivel de conciencia en distintos momentos. Ahora quizá te veas como un eterno estudiante que nunca está lo bastante preparado como para pasar al siguiente nivel. O tal vez creas saberlo todo o pienses que te graduaste hace mucho.

Puede que ya hayas ido de gira de teatro por todo el mundo. Te has labrado una carrera con tu excelente interpretación de un papel, con tu lucimiento actoral. Por supuesto, hoy ya no eres el mismo que ayer. En un determinado momento eres un estudiante intentando a toda costa progresar y, al siguiente, el mejor de la clase. Un día el público está contigo y al siguiente no acude a tu función. Somos principiantes y expertos por turnos, y también a la vez.

En un momento de tu vida puedes decidir si tus acciones están sincronizadas con tu conciencia. Tu viaje terminará en el momento de tu muerte, pero mientras vives percíbelo todo tal como es. Disfruta de los reflejos, pero valora lo real. La salida de este laberinto quizá se te revele de pronto más allá del siguiente árbol o arbusto. El final del viaje tal vez llegue antes de haber podido apreciar plenamente su belleza. Pero mientras estás en este mundo asegúrate de tener los ojos abiertos y los sentidos muy despiertos.

¿Qué puedo hacer ahora?

Respira profundamente. Ejercita tu imaginación y expande tu comprensión. Centra tu energía. En primer lugar, cree en quien crees ser. Tendría que resultarte fácil, porque es exactamente lo que siempre haces.

En cuanto experimentes la conocida y agradable sensación que te produce —al saber lo que sabes de ti—, deja de *saberlo*. Sí, deja de creer en ello. Tú no eres quien crees ser. Fíjate en la incomodidad emocional que esto te provoca y relájate. Siéntete seguro al no saberlo.

Experimenta ahora la sensación de creer algo que sabes que es cierto sobre alguien cercano a ti. De nuevo, es algo que haces con regularidad. Crees conocer a los demás. En cuanto sientas la absoluta convicción de conocer totalmente a alguien, detente. Deja de creer que lo que crees es cierto. Siente la liviandad de haber abandonado esa creencia.

Juega con tus creencias de esta forma. Reconoce una convicción y luego intenta creer en la opuesta. Y al final abandona todas tus convicciones sobre el tema. Este ejercicio te permite vivir cada momento percibiéndolo todo con claridad. No está concebido para dejar de interesarte por los demás, sino para mostrarte lo conectado que estás emocionalmente a tus propias creencias. De este modo ves que el desapego es posible y que en tus manos está decidir no volver a aferrarte a ellas. Cree en tus creencias. O no lo hagas. Como ya he indicado, tu atención determina aquello que crees y no a la inversa.

La maestría espiritual consiste en trascender al protagonista de tu historia. En ver más allá de tu entorno inmediato y en expandir tu sentido de la realidad. Para un artista profesional la maestría significa lo mismo. Los profesionales se olvidan de sí mismos mientras desempeñan su arte. Se documentan en cuanto a lo que ven y se imaginan lo que no pueden ver. Y en el mejor de los casos, despiertan a otros artistas como tú y yo. Nos hacen ver cosas que no habíamos tenido en cuenta. Y nuestra conciencia aumenta con el tiempo.

La conciencia empieza a surgir en el seno materno, a medida que el feto crece y el cerebro del bebé se desarrolla. Mientras la materia se va formando lentamente, los sentidos se activan y perciben la luz y los sonidos, la calidez y la ingravidez. Todos hemos estado colaborando en nuestra propia transformación desde las etapas tempranas de nuestra existencia. La vida nos ofrece las materias primas y nosotros las procesamos a nuestro propio ritmo.

Ya has superado tres retos importantes: 1) Tu conciencia sigue aumentando. 2) Sigues evolucionando en el aspecto físico y espiritual. 3) Tu fuerza de voluntad es mayor. Recuerda que tu fuerza de voluntad te permite hacer cambios en tu vida, tiene tanto el poder de desanimarte como de hacerte traspasar los límites normales de la percepción.

Conciencia. Transformación. Fuerza de voluntad. Hoy, y en los días futuros, son y serán herramientas importantes para tu evolución. Y además dispones de otras. La imaginación, por ejemplo, te lleva a cualquier parte donde quieras ir. La colaboración aumenta la creatividad, así que no te olvides de tu elenco de actores. Ten presente que estás compartiendo este escenario inmenso con innumerables personas. Deja que se expresen libremente. Respeta sus talentos. El respeto favorece las oportunidades tanto en la vida como en el arte.

Cada maestro es un guía que te ofrece pistas para resolver misterios que parecen irresolubles. Un maestro puede señalarte la dirección de la verdad, pero dónde te llevará el viaje es todo un misterio. Agradezco tu deseo de maravillarte y de aprender, ha sido para mí un honor ayudarte en estos esfuerzos.

Esta semana has visto tu vida desde distintas perspectivas. Tanto si te has imaginando paseando por un campus o por el mundo, has aprendido de las decisiones que has tomado. Has aprendido de los lugares que has visitado y de las personas que te han fascinado.

Has descubierto habilidades que no creías tener. Has aprendido a apreciar los talentos que desarrollaste en la infancia y los has ido perfeccionando a medida que madurabas. Has descubierto que estos talentos se pueden moldear para que se adapten a tu conciencia presente. También sabes que los puedes modificar o sustituir. En lugar de ¡interpretar–interpretar–interpretar!..., puedes decidir basarte en tu autenticidad. Conocerte como un cuerpo cálido en una sala llena de espejos.

Eres un ser auténtico, sean cuales sean la forma de tu cuerpo y tus habilidades como actor, y por más que desees la presencia de un público. Juega con la vida. Juega con tus compañeros artistas. Aprovéchate de cada oportunidad para aprender más sobre el misterio que eres.

Se está haciendo tarde. Tú y yo tendremos que despedirnos, pero solo por ahora. Tienes todo mi amor y mis ánimos. Si la conciencia es importante para ti, no olvides que ya te has embarcado en una aventura. Si la verdad es lo que andas buscando, ten en cuenta que las opiniones no importan. Ya te has desmarcado del resto al tomar tu propio camino.

Sigue tomando decisiones como un artista y atrévete a inspirar a los demás. Estás destinado a transformar la inspiración en algo mágico y a *ofrecérsela de vuelta a la humanidad*. Este es tu don como artista y tu duradero legado.

Fin de la clase

Ecosistema digital

Floqq
Complementa tu lectura con un curso o webinar y sigue aprendiendo.
Floqq.com

Amabook
Accede a la compra de todas nuestras novedades en diferentes formatos: papel, digital, audiolibro y/o suscripción.
www.amabook.com

Redes sociales
Sigue toda nuestra actividad. Facebook, Twitter, YouTube, Instagram.

EDICIONES URANO